EL AFABLE ARSENIO

EL AFABLE ARSENIO

FAUSTINA RICO PÉREZ

Valparaíso
EDICIONES

Colección VALPARAÍSO DE NARRATIVA

Diseño de portada: Chari Nogales
www.charinogales.com

Primera edición: diciembre de 2024

Los beneficios obtenidos por la autora irán destinados a:
AMAMA - Granada
Asociación de Mujeres operadas de Cáncer de Mama
REMAMA - DRAGON BOAT- Granada
Asociación de mujeres oncológicas que practican la modalidad de pira-
güismo Dragon Boat

© Valparaíso Ediciones
   C/ Fray Leopoldo, 7 bajo 18014 Granada
   www.valparaisoediciones.es

   ISBN: 979-13-87538-17-0
   Depósito Legal: GR 1791-2024

   Impreso en España - *Printed in Spain*
   Gráficas Gami

EL AFABLE ARSENIO

A todos los amantes de la lectura

*Todo el mundo me dice que tengo que hacer ejercicio.
Que es bueno para mi salud. Pero nunca he escuchado
a nadie que le diga a un deportista; tienes que leer*

JOSÉ SARAMAGO

Ellos me dieron la fuerza para seguir luchando.

A mi padre Adolfo.
A mi familia.
A mis amigos y amigas.

PRÓLOGO

Cada vez me parezco más a ti, en lo bueno y en lo no tan bueno. El temperamento fuerte, no aguantar a los idiotas, falta de discreción, el querer manejar el mundo… solo de pensamiento, tu bondad, tu solidaridad, tu sentido del humor –cambiante dependiendo si las cosas salen bien o no– el hacer amigos o conocidos sin tener en cuenta raza, condición social, edad… Puede hasta que heredé tu "Síndrome cognitivo" y este es el motivo de contar cómo fue mi padre. Una vida llena de contradicciones, con un sabor dulce para mí.

"Aunque supiese que mañana se acabaría el mundo, yo igual plantaría mi manzano".

MARTIN LUTHER KING

1. ARSENIO

Era marzo de 1928, la fecha de nacimiento de Arsenio. Su nombre ya le identifica: de origen griego –varonil y vigoroso–. Año bisiesto, un mes de marzo lluvioso, con bajas temperaturas. Fue en un pueblecito castellano, que contaba con 509 habitantes. Es el sexto hijo de una familia que llegaría a tener nueve, cinco mujeres y cuatro varones. Su padre, Alfonso Torres, hombre taciturno, agobiado siempre por mantener a la familia, de profesión agricultor-ganadero, consideraba que la educación de sus hijos era continuar con su trayectoria, no tenía otros objetivos o quizá no los conocía, no le gustaba arriesgar ni pensar en el futuro. Su madre, Isabel Pavón, tenía otras expectativas para sus hijos, consideraba que era elemental saber leer, escribir y fundamental conocer las matemáticas; y así fueron educados, compaginando las labores del campo con el estudio, hasta que su madre murió muy joven, según cuentan de un "Derrame Cerebral".

Arsenio era apuesto, de ojos verdes-grisáceos, con una mirada penetrante y tenía por costumbre mirar siempre a los ojos de la gente con la que hablaba; de complexión delgada y su piel color aceituna. Su porte era airoso (él lo sabía), maximizaba su figura, con un toque chulesco que aportaba.

Al morir su madre, las encargadas de las tareas domésticas eran las mujeres. La comida recaía en la cuarta hermana Ángeles, con un carácter hosco y sin imaginación para los menús diarios. Desayuno: no existía, a media mañana, se tomaba pan con embutido o huevo frito. Comida: cocido, alubias, lentejas, aderezados con todas las partes del cerdo (rabo, oreja, torrezno, chorizo…). Cena: repetía lo sobrante de la comida, pero el plato que no faltaban eran las alubias.

Arsenio era delicado para las comidas y no aceptaba los menús impuestos por su hermana Ángeles, lo cual le acarreaba miles de enfados y noches sin cenar. Pensaba que esa rabieta le proporcionaría al día siguiente unos platos más exquisitos. Muy lejos de la realidad, los días pasaban, los ingredientes y forma de cocinar no variaban.

Una vez a la semana, Ángeles hacía tortilla de patatas y todos estaban felices por ese esfuerzo, excepto Arsenio.

—Ángeles, la tortilla no lleva cebolla, y a mí me gusta con cebolla, no la pienso comer.

—Arsenio –le respondía su hermana– somos muchos y todos la prefieren sin cebolla, no seas crío y cómetela, que está de rechupete.

Otra noche sin cenar: su cabezonería, no le permitía probar la tortilla. Pero él tenía su propia organización para no pasar hambre y comer a deshoras, las tres de la mañana: se hacía unos bocadillos, para estar en forma al día siguiente y preparado para no comer lo que su hermana cocinaba.

Estas eran las grandes peleas que Arsenio tenía con su hermana. Con el resto de los hermanos, la convivencia era buena, sin grandes alteraciones.

En casa de Arsenio, la agricultura estaba dedicada a la cebada y el trigo, sin olvidar una extensión de terreno dedicada al viñedo. La ganadería estaba compuesta de ciento setenta ovejas, una cabra, dos perros ovejeros, Terry y Fuego, con un gran sentido de la responsabilidad que siempre estaban atentos para vigilar, defender y acompañar el rebaño que cariñosamente Amancio, el pastor, cuidaba, ordeñaba y ayudaba en los partos complicados de las ovejas, los trescientos setenta y cinco días del año. Y tenían un caballo llamado *Caramelo*, su color era como su nombre indica, como los caramelos Toffe de toda la vida, tenía un gran porte, cuello largo y arqueado le embellecía su gran cola y sus largas crines, de color caramelo clarito. Poseía muchas virtudes, era noble, cariñoso, obediente y amigo de los humanos que le cuidaban y mimaban. Tenían también dos yeguas: *Golosa*, de color marrón oscuro, de condición amable, pero muy glotona, la perdía la glotonería y montarla era hacer lo que ella se le antojaba; y *Coraza*, fortaleza que no se puede describir, montarla era toda una odisea, tenía un sexto sentido, caprichosa y rebelde. Solo era montada por Arsenio (con gran regocijo de este, su arrogancia, alcanzaba el infinito). Por último, una mula, (sin nombre), era La Mula, y punto.

Estos animales eran imprescindibles para las tareas del campo, para engancharlos a "La Tartana" (coche tirado por caballos, generalmente de dos ruedas, con cubierta abovedada y asientos laterales).

No podía olvidarme del tesoro que Arsenio poseía, eran sus tres galgos: *Canela* (color canela de pelo corto alta, larga, preciosa y dotada de una inteligencia exquisita para la caza), *Bola* (color gris, bondadosa, que le costaba correr detrás de las liebres y que tuvo algún disgusto con el amo por ser algo perezosa) y *Caín* (galgo color blanco sucio, elegante, pero excesivamente activo y agresivo, cuando cogía una liebre, la mitad era para él).

Como vehículos motorizados, disponían de un tractor y tres valiosas bicicletas.

Los días de la semana, excepto el domingo, eran para Arsenio pura rutina. La hora de despertarse, eran las 6h de la mañana, lavarse la cara y a labrar el terreno, la noche anterior los hermanos varones, se repartían las tareas agrícolas y ganaderas, bueno las ganaderas eran responsabilidad de Alfonso, que junto con el pastor Amancio ordeñaban muy temprano, y esto le permitía un rico desayuno, leche y dos huevos fritos; el resto de los hermanos se llevaban un tentempié para media mañana, consistente en alguna variante del cerdo y pan. Arsenio, chulo y cabezota, llevaba una onza de chocolate puro, hasta la hora de la comida. Consideraba que el chocolate, aparte de gustarle, le daba vitalidad y energía suficiente durante parte del día. El domingo era su día preferido, las tareas agrícolas se relajaban (excepto en verano). Empezaba bien el día, se levantaba sobre las 9 de la mañana, este día desayunaba, tostadas de pan frito y un vaso de leche, comenzaba arreglarse, bien aseado y con ropa adecuada para el festivo (siempre se diferenció la ropa y zapatos de trabajo con la vestimenta de domingos o festivos); era de obligado cumplimiento asistir a la misa de las 12 (la única que había), no que fuera creyente, que ni lo era ni lo dejaba de ser, respetaba las creencias de los demás y él tenía sus propias ideas sobre los curas y la Iglesia, pero la misa del domingo era sagrada, allí se concentraban todos los vecinos, con sus mejores galas, amigos, jovenzuelas guapas, todo el pueblo; los creyentes oían misa y estaban pendientes de quien tomaba la comunión, esto más la ropa nueva estrenada iba a ser la conversación más interesante entre los vecinos.

A los que no les interesaba la misa, se quedaban fuera, fumando y charlando, principalmente de las mujeres jóvenes o no tan jóvenes, que gozaban de soltería. Concluida la misa, llegaba la hora del vermut, (en el único bar del pueblo, llamado Casino), Martini o Cinzano, siempre rojo y con una aceituna rellena, era el momento más especial: tomarse el vermut, fumarse un cigarrillo, y esperar que las mujeres más atrevidas apareciesen en el "Casino". Y algunas llegaban, se sentaban en una mesa, y se pedían una bebida gaseosa (el vermut, era de hombres y fumar en público era deshonrar a la familia y convertirse en segundos en "atrevida", "mujer de mala vida"). Arsenio, junto con sus amigos, se acercaban, hablaban del tiempo, siempre el tiempo era el protagonista del comienzo de la conversación, chistes fáciles, pequeñas bromas, miradas cómplices, así transcurría una hora, ya que las jóvenes tenían que ir ayudar para preparar la comida de los domingos. Ah, quedaban para las ocho, que había baile en el Casino.

Arsenio tenía muchas admiradoras: estaba Rosa (dulce y regordeta); Mónica (excesivamente alta); Adriana (guapa, pero con muy mal carácter); Berta (era guapa, simpática y con gran humor, estaban todos enamorados de ella, además era atrevida hablando y defendía sus argumentos con pasión).

En casa de Arsenio, los domingos se comía arroz, "Arroz con conejo". Era un día muy especial, de postre flan y siempre uvas, en su tiempo frescas y fuera de su tiempo, secas. Las Hermanas eran las encargadas, en la época de la vendimia de extender las uvas en el "Sobrado" (parte más alta de la casa, inmediatamente, al tejado), duraban todo el año hasta la próxima vendimia.

Acompañaba a la comida un riquísimo pan, trabajado artesanalmente por "La panadera Raimunda", hecho con harina blanca de trigo, muy amasado; el resultado era un pan de miga blanca de estructura firme y compacta, con corteza lisa, dorada y brillante, su forma era sexagonal, con seis canteros, que hacía las delicias de la familia Torres Pavón.

Terminada la comida, los hombres se iban a tomar café al Casino, las hermanas, recogían y unas dedicaban su tiempo a leer, otras a prepararse, para la salida con los novios y Ángeles, la hermana mayor, a pensar qué prepararía de cena. Era una responsabilidad que la habían asignado a dedo, no lo llevaba bien, siempre estaba protestando, ya que con la asignación que su padre le daba para la alimentación, no podía dar gusto a todos.

El padre Alfonso, malhumorado casi siempre desde que se quedó viudo, no se sentía feliz. Veía una carga tener que velar por nueve hijos, pensaba cómo casar a las niñas, ese encabezonamiento por estudiar y abandonar el pueblo, que sería de sus hijos varones, cada uno de ellos con unas características distintas, sin saber si continuarían con la labranza y ganadería; no llegaba a entender, echaba muy en falta a su mujer, ella siempre sabía cómo resolver todo tipo de situaciones.

Alfonso ignoraba cómo gestionar una casa, entendía que la mejor forma era la de controlar el dinero en todo.

La comunicación con sus hijos era parca y casi inexistente, solo daba órdenes, órdenes dictatoriales, que eran obedecidas por sus hijos, ante el temor que impusiese un castigo difícil de superar.

Se hizo un hombre taciturno, que adoraba la soledad, sus aposentos preferidos, era una parte del jardín, con rosas y hierbabuena, que le recordaba a su mujer, y su dormitorio, donde se aislaba completamente.

Cuando las hijas ponían música en el gramófono, que perteneció a su madre Isabel Pavón, traído de Argentina, Alfonso se escondía en el granero y lloraba desconsoladamente. Eran tantos los recuerdos, que era doloroso para él, cualquier motivo que la evocase. Sus hijos tampoco le dedicaban tiempo, cada uno con su tarea y solucionando sus propios problemas.

Arsenio era muy rápido con el café, aprisa volvía a casa, concretamente a las cuadras, para adecentar a *Caramelo*, peinar su crin, larga y ondulada, una vez limpio, preparaba la montura para ensillar al caballo, algo que realizaba con mucho conocimiento: primero colocaba las almohadillas por el sitio donde le iba a montar, cogía la silla y la colocaba justo en medio de las almohadillas, ajustaba y colocaba las cinchas, apretadas, pero sin dañar al caballo, colocaba los estribos que estuviesen perfectos a su anatomía y ya, por último, colocaba las riendas junto la brida, el bocado, la ahogadera y la muserola; mientras vestía a su *Caramelo*, Arsenio le hablaba, le decía que hoy iba a ser una tarde especial, que se tenía que comportar bien, que trotase con elegancia, que le obedeciese y que los dos, junto con *Canela*, iban a disfrutar mucho del paseo.

Arsenio se colocaba sus botas de montar, pantalón camisa y chaqueta de domingos, se peinaba, se daba loción Varón Dandy (que usaría toda su vida), se ponía su gorra plana con visera de cuadritos y listo para cumplir con el objetivo que toda la semana había estado pensando.

Su ruta comenzaba dando paseos por el pueblo, exhibiéndose, haciéndose notar, pero su finalidad era la de galopar elegantemente hasta el pueblo más cercano a cuatro kilómetros, donde una joven le tenía loco.

Llegaba a la hora del paseo, por allí paseaba la joven y guapa Lucía, con sus amigas; Arsenio no se detenía, saludaba, pasaba trotando con su caballo y su galgo con la chulería que le caracterizaba una vez y cien veces más, los comentarios de las jóvenes del pueblo incluida Lucía:

—¿Qué querrá? ¿Qué buscará? Bueno, guapo y apuesto es, pero chulo es desde la cabeza a los pies.

Risas, muchas risas. Ya tenían tema para hablar durante toda la semana: el "Chuleta de Arsenio".

Arsenio no pensaba en otra cosa que no fuese cómo conquistar a Lucía (la que nació con la primera luz del día). Ella era muy guapa, excesivamente morena (esto la hacía especial), ojos marrones claro, muy buen tipo, refinada, con estudios, y una vida complicada para su juventud. Se comentaba que tenía un novio de muy buena posición por el norte, era huérfana de madre, su padre se había vuelto a casar y la relaciones con él eran nulas y con la madrasta eran trágicas. Por propia decisión vivía con la abuela materna, se sentía arropada y querida, había estudiado en un importante colegio leonés y fue retirada de los estudios por la madrastra; pasaba largas temporadas en el norte, donde vivía una tía materna que la adoraba.

Arsenio veía su felicidad con ella. Aparte de ser chulapo, era cabezón y le gustaban las adversidades. Lucía tenía que ser para él.

Fue en las fiestas del pueblo cercano, en el baile de la plaza, donde Arsenio pidió un baile a Lucía. Esta, haciéndose rogar, tardó en decir que sí, pero lo dijo y bailaron, no un baile, sino tres, ante las atentas miradas de los vecinos y los comentarios irrespetuosos de sus amigas. Este fue el comienzo de un noviazgo, que tenía muy contento a Arsenio y muy dudosa a Lucía: ella seguía pensando en aquel chico del norte, aunque también le gustaba Arsenio. La abuela y las tías opinaban y forzaban la situación, veían con muy buenos ojos al pretendiente, y, al mismo tiempo, se liberaban de Lucía, que decía muchas tonterías, como que se quería ir a trabajar a la ciudad. Que le gustaría terminar sus estudios. Tonterías, muchas tonterías.

Según la abuela y las tías:

—El presente y futuro de una mujer es casarse con un hombre honrado y que no te falte para comer; además Arsenio es de una familia buena y conocida.

Las Titas apostillaban: "dejarás de ser una carga para la abuela, ya que tu padre no aporta ninguna cantidad económica para tu manutención".

Estos eran todos los argumentos que continuamente presionaban a Lucía.

Lucía se debatía en mil pensamientos: sus objetivos que se veían truncados, el casamiento con el guapo y chulo Arsenio, liberar a la abuela y tías de su carga. Cierto era que el vecino la atraía, pero… no deseaba la vida del pueblo, también le atraía el joven del Norte, aunque no tenía seguridad de que él sintiese lo mismo por ella, y su vida se desarrollaría en la capital. Fueron semanas complicadas, donde la presión la hizo adelgazar y perder la sonrisa: tenía que tomar una decisión. Y abrumada, pensando que podía perder todo o lo poco que se le ofrecía, dijo "Sí", al noviazgo con Arsenio.

Comenzaron su noviazgo, primero con compañía. Arsenio era muy lanzado y la reputación de Lucía estaba en juego. Cuando se vio que la relación era consistente, les dejaron disfrutar en pareja: salían los domingos y festivos, iban a tomar el vermut con amigos, al baile a otros pueblos con la bicicleta, él la llevaba en la barra y ocasionalmente, llevaba la tartana.

Lucía no sabía montar a caballo y además les tenía mucho respeto.

Arsenio le contaba sus planes para cuando estuviesen casados; ella se adaptaba, se dejaba querer y confiaba en sus planes, que le parecían viables, aunque con poca envergadura.

Él era la envidia de todos sus amigos del pueblo y pueblos vecinos, había enamorado a la chica más guapa de todo el entorno, que destacaba por su elegancia y su comportamiento educado. Arsenio era feliz: ya no reñía tanto con su hermana por las comidas, con su padre parecía que existía mejor entendimiento y el resto de los hermanos veían esta relación con muy buenos ojos, aunque eran críticos al saber que Lucía no iba a aportar ninguna dote al matrimonio.

El padre de Lucía, Anselmo Rubio, no opinaba. Como casi siempre, no tenía opinión: un hombre bueno, sin carácter, dominado por su nueva esposa, que veía progresar su patrimonio para sus nuevas hijas. Todo tramado muy sutilmente por la malvada Herminia Ruiz, su segunda mujer. Esta veía una gran oportunidad, que su hijastra se casase para deshacerse de la tan odiada Lucía, a la cual detestaba y que siempre trató como si fuese una más del servicio doméstico.

Las Titas, abuela y hermanas de Arsenio intercambiaron opiniones y forma de celebrar la boda. Realmente quien imponía los criterios eran las Titas, muy dominantes, sobre todo las del pueblo cercano la tita Rosa y la tita Teresa. Se concretó la boda y los preparativos. El acto religioso del Sacramento del Matrimonio sería en la iglesia del pueblo, el banquete se celebraría en un buen hotel de la capital, el día y mes se fijó para el 24 de abril de 1954, día de la semana sábado, un mes donde las tareas agrícolas y ganaderas estaban más controladas, invitados los justos: las familias de ambos y contados amigos.

El vestido de la novia creó otra gran polémica. En casa de la abuela, las titas consideraban que el blanco no era apropiado, siendo huérfana de madre; la abuela opinaba que su nieta debía llevar un elegante vestido blanco de novia, porque se la imaginaba radiante y guapísima. Las titas eran de distinta opinión, argumentaban con un excelente traje de chaqueta negro estaría muy elegante y mucho más discreta. Lucía no opinaba, no podía opinar: el coste del vestido corría por parte de la abuela y aceptaba lo que decidiesen (aunque su sueño hubiese sido casarse con vestido de novia blanco).

Llegó el 24 de abril, día frío pero soleado, que alegraba el evento. Lucía estaba radiante, guapa a más no poder con sus 22 años: llevaba un elegantísimo traje de chaqueta negro, la falda a nivel de los tobillos, la chaqueta corta, entallada, marcaba su cintura de avispa, una blanquísima camisa de encaje blanco, guantes cortos también de encaje blancos, en la solapa de su chaqueta iba sujeto un bello broche (regalo de la tía del norte) con unos diminutos tulipanes de nácar, engarzados en unas ramas de plata y acompañado de unas perlas con forma de hojas. Un delicado tocado con velo cubría su armoniosa cabeza, con esos rizos ahuecados de color castaño. Sus zapatos eran negros tipo salón con medio tacón fino. Como maquillaje llevaba polvos para aclarar su tez morena, rizado de pestañas y unos labios color rojo apagado. Como joyas, adornaban sus esculpidas orejas unos pendientes en oro amarillo de 14 kilates con zafiros y una largura de 4cm, aproximadamente; la medalla de oro de la Virgen del Carmen con el Niño, engarzada en una fina cadena de oro. El ramo que portaba era impresionante de bonito (las hermanas de Arsenio se lo obsequiaban): llevaba lirios grandes blanco, armonizado con campanillas blancas. Las flores blancas son una representación de pureza e inocencia, en la boda representa la pureza y virginidad de la novia.

Lucía llegó a la Iglesia acompañada de su padre Anselmo Rubio (era el padrino), ante las súplicas de la abuela que había tenido que rogarle que llevase a su hija al altar. Por supuesto, la madrastra no hizo acto de presencia. Allí la esperaba Arsenio, elegante no, lo siguiente elegantísimo, con traje oscuro de raya diplomática, con chaleco cruzado, una camisa almidonada y blanca nuclear, con corbata color plata, haciendo juego con el pañuelo de la chaqueta, en el ojal, le habían colocado un prendido muy original, realizado con pequeñas campanillas. Su pelo color castaño oscuro estaba repeinado con fijador y la raya muy marcada. Llegó acompañado de su hermana Camila (la madrina). Con 26 años él y 22 años ella, un 24 de abril de 1954, "sellaron su amor para siempre, según el Sacramento del Matrimonio".

El banquete se realizó en un hotel con renombre en la capital: se dispuso de un autobús para los invitados; ricos manjares que degustaron con buen vino partieron una gran tarta con espada y brindaron por la felicidad eterna con un vino espumoso, llamado cava. Su primera noche la pasaron en el mismo hotel, fue regalo de los amigos de Arsenio.

Se levantaron muy temprano, con las maletas dispuestas, para coger el autobús que los llevaría a Madrid, su programado viaje de novios.

Ya en Madrid, visitaron La Plaza Mayor, en el centro de Madrid y muy cerquita de la Puerta del Sol, El Palacio Real de Madrid (residencia oficial del último Rey de España), El Parque del Retiro –amplio parque del siglo XIX, con lago para barcas y rosaledas, además de diversas fuentes y estatuas–. Alquilaron una barquita y románticamente se dieron un inolvidable paseo, contemplaron con admiración La Puerta del Sol. Les llamaba mucho la atención, porque, desde 1950, se encuentra el denominado Kilómetro Cero de las carreteras radiales del país. Pasearon por una de las principales calles de la ciudad, La Gran Vía, que comienza en la calle Alcalá y termina en la Plaza de España. Sorprendidos por la cantidad de teatros: Teatro Lope de Vega, Teatro Albéniz, Teatro Español, Teatro Calderón, Teatro Reina Victoria, Teatro La Latina, en este último vieron un musical de vedettes, que contarían en el pueblo la cantidad de mujeres guapas, con poca vestimenta, agilidad en sus piernas, provocativas en sus posturas y los exóticos tocados de plumaje y demás, que llevaban en la cabeza y no se les caía. Cines había muchos, fueron al Cine Callao, para ver la película "MOGAMBO", con Clark Gable, Ava Garner y Grace Kelly (Aventuras en Kenia, con trio amoroso), les gustó mucho, aunque Arsenio estaba un poco molesto por la temática, reconociendo que no había conocido belleza igual que la de Ava Gardner.

Tomaron un delicioso vermut en el Café Gijón y degustaron un rico bocadillo de calamares, acompañado de un vaso de vino con sifón, en un bar cerca de la Puerta del Sol.

De regreso al pueblo, se terminó la Luna de Miel, Lucía recogió sus pertenecías de casa de la abuela y se instaló en la casa de su marido, la de la Familia Torres Pavón. Eso era todo lo que podía ofrecer Arsenio. Trabajaba para su padre, por lo tanto, no tenía economía para mantener una casa independiente.

Él volvía a la rutina del trabajo, sus caballos, su caza y sus partidas de "giley o cuarenta y una" (juego de envite con descarte en el que se emplea la baraja española), que le gustaba mucho. Tenía suerte y la mayoría de las veces ganaba, y también le originó pequeños y grandes disgustos con Lucía. Todo le sonreía, una mujer preciosa en casa de su padre, su trabajo y sus hobbies preferidos.

Estaba bastante claro que Él tenía una vida casi perfecta: él, él, él…

Su carácter, apasionado, impulsivo, divertido hacía que fuese una persona imprescindible en los círculos de amistad. Los domingos era el día de la semana dedicado a Lucía. Bueno, así era si no existía encierro en algún pueblo o caza organizada de liebres, con caballo y galgo, solo admitía este tipo de caza, las armas jamás le gustaron, es más, las despreciaba. Orgulloso de Lucía, era como tener un tesoro para él solo, era su propiedad. Eran otros tiempos, o quizá las situaciones no hayan cambiado tanto: la sumisión de la mujer era un valor positivo. La mujer, una vez casada, había logrado su objetivo. En la vida del hombre, por lo general, existía una libertad y poder que se les negaba a las mujeres.

Lucía no estaba cómoda con su nueva vida: primero observó, hizo como que se adaptaba, y cuando tuvo suficiente confianza con las hermanas, les sugirió que ella necesitaba desayunar leche con tostadas, o que necesitaba tomar ensaladas, pescado, que las alubias por la noche no las podía comer, que tenían que cambiar los hábitos culinarios y, tras una consulta un tanto áspera de Ángeles con su padre, Alfonso, se modificó un poco los menús diarios. Solamente se compraba un cuartillo de leche de vaca para Lucía Rubio. También habló con Arsenio: ella no quería esta vida, quería que viviesen independientemente en su propia casa, que dispusiesen de dinero (hasta ahora inexistente). No le importaba trabajar, pero quería una vida mejor: ella se había casado con él, no con toda su familia.

—El casado, casa quiere –le repetía una y mil veces Lucía. Fueron múltiples las discusiones de la pareja por este tema. Arsenio no veía con claridad esas necesidades que su mujer planteaba, estas discusiones hacían surcos de reflexión en él; hasta que, después de nueve meses, armado de argumentos y mucha valentía, decidió hablar con su padre, Alfonso Torres.

No fue fácil, pues el taciturno de Alfonso no entendía, por qué le exigía su hijo, casa y un sueldo por su trabajo –más peleas–. Esto era un sinvivir: Lucía presionando y su padre sin entender y sin querer acceder a su petición. Las hermanas, más hábiles que los hermanos, hicieron campaña a favor de su hermano, o quizá a favor de Lucía, la veían triste joven y con ganas de luchar por algo propio. Fueron meses duros, donde la pareja no veía soluciones a corto tiempo. Pensaron en marcharse a trabajar a Madrid, pensaron tantas cosas que podrían hacer, planes trazados que al día siguiente se derrumbaban, así pasaban los meses, pero no tomaban decisiones, esperaban, esperaban una respuesta complaciente de Alfonso Torres.

Arsenio no le contaba a Lucía que no deseaba marcharse del pueblo, que la capital no le gustaba, que a sus caballos y galgos no los podía abandonar, que su vida estaba allí, donde nació, eso no se lo contaba, todo esto lo callaba. Lucía hablaba con la abuela y tías, y ellas le pedían paciencia: la vida en matrimonio es lo que el hombre disponga, –no seas caprichosa –adáptate a la vida con tu marido –no crees problemas –sé obediente –tienes muchos pájaros en la cabeza. Leían el periódico, rezaban un rosario y de vuelta a la casa de su marido, con rabia contenida: nadie la entendía.

Lucía no recibía ningún apoyo, no era entendida por nadie: ese era su presente y su futuro. Sin embargo, ella no desistía. Llegó a plantear sus deseos a su suegro, con un monólogo, ya que Alfonso no estaba acostumbrado a oír planteamientos con argumentos.

Fueron doce meses que jamás se le olvidarían, doce meses y, al fin, Alfonso Torres, le dijo a su hijo las condiciones de su independencia:

—Te daré una casa grande, con corral y aprisco –el padre poseía cuatro casas en el pueblo–. Es prestada hasta que yo me muera y se repartan los bienes entre todos los hermanos. Te asignaré un sueldo mensual, como a todos los hermanos varones; podrás disponer de los caballos. Los galgos te los llevas, no los quiero en mi casa. Las condiciones laborales no cambian: en época de siembra, recogida y esquilar a las ovejas, se trabajará domingos y festivos. Por último, el dueño, el amo, soy yo. Estas son mis condiciones, si aceptáis, podéis marcharos cuando queráis.

A Arsenio todo le parecía muy bien. Rápidamente lo compartió con Lucía, y ella consideró que el sueldo era muy pequeño, que la casa era muy grande y no tenían muebles, que su padre se aprovechaba de los que no estudiaban. Peros, muchos peros, hasta que reaccionó y se dio cuenta de que esto era lo que estaba pidiendo desde que se casaron; ya se las arreglarían para salir adelante.

La casa era soleada, con un gran corral, donde rápidamente se vio cómo iba a llenarse de macetas, el aprisco, pajar y cuadras, ya tendrían ocupación más adelante. Los muebles tampoco fueron problema, pues la abuela le regaló el dormitorio de matrimonio, una tía la mesa de comedor y seis sillas, entre otras dos tías compraron la mesa de cocina, un mueble armario de formica color verde claro para la cocina con cajoncitos y compartimentos con puertas (una preciosidad). Disponía de una cocina Fogón, que se alimentaba de leña y que tenía varias arandelas, dependiendo de la olla con la que se cocinase; los platos cubiertos y utensilios para comer y cocinar fueron regalo de los hermanos y hermanas de Arsenio; un gran espejo, se lo regaló el hermano de Lucía, Santiago; las ropas de cama, manteles y demás enseres de vestir la casa los aportaba Lucía de su ajuar. La casa también disponía de una "Gloria" (sistema de calefacción por superficie radiante, alimentada, por leña a través de una boca), esto hacía en invierno confortable y caliente la casa. El sobrado era otra parte más de la casa, al que se accedía por unas espléndidas escaleras. Lucía, que tenía habilidad con la aguja y máquina de coser, confeccionó las cortinas y en cuestión de veinte días tenía la casa limpia y como un sol de radiante.

Lucía estaba ilusionada y contenta, Arsenio no se podía creer el hogar que tenía, los dos eran felices y estaban muy orgullosos de lo que habían conseguido.

La economía para Lucía era su mayor preocupación. Disponía de mucho tiempo libre, debía ocuparlo para aumentar los ingresos. Decidió comprar una coneja y un conejo, la carne de conejo era muy apreciada por los vecinos del pueblo y los podría vender. Arsenio no estaba de acuerdo, no le parecía adecuado que su preciosa mujer, además de dedicarse a las tareas domésticas, trabajase y se relacionase con los vecinos en la venta de conejos. Ella lo decidió y sin dar mayor importancia a los argumentos de su marido, compró la pareja de conejos, para poder tener un dinero extra.

Bien cuidados, rápidamente la pareja de conejos procreó, y nacieron siete pequeñitos gazapos, que a Lucía le daba mucha, mucha dentera verlos, ya que nacen sin pelo y ciegos. Con cuidado y mucho miedo, contaba y veía las crías. Aprendió que el embarazo de la coneja aproximadamente es de treinta y un días, que procrean con muchísima facilidad, que a los dos meses o noventa días los conejitos estaban listos para su venta. En un principio los vendía con su piel; más tarde se formó en despellejar al conejo (la enseñó la mujer del carnicero), así lo vendía más caro. Las reglas las tenía muy claras, aparte de ser ella muy limpia y cuidadosa:

1–. Cortar la piel de los muslos traseros.

2–. Introducir los dedos entre la piel y la carne.

3–. Tirar de la piel hasta llegar a la cabeza del conejo muerto.

4–. Cortarle la cabeza en el cuello.

5–. Meter el cuchillo en su interior y sacar todas las entrañas.

Era toda una profesional, y por ser tan meticulosa en el cuidado y preparación de los conejos, le faltaban para vender, se los quitaban de las manos. Su hucha iba en aumento, no tenía predestinado el dinero, utilizaba algo para comer con mayor exquisitez, o comprarse una bonita tela para un vestido. Arsenio estaba celoso de su éxito, no entendía por qué en su casa siempre había gente a comprar y charlar, no le gustaba la independencia que estaba alcanzando Lucía, además se sentía molesto, porque sabía que su sueldo era mísero y necesitaban el extra que Lucía aportaba. Pero es que Lucía le pertenecía a él.

Miles son las anécdotas, de sus conejos y los galgos de Arsenio. Al más mínimo descuido, los galgos se hacían con el botín de los conejitos, dejando pequeños rastros y la tragedia mascándose entre Arsenio y Lucía.

Lucía armaba un escándalo, por el sufrimiento que originaban a sus animales, porque su economía después del desastre no encajaba, porque Arsenio no tenía cuidado con sus galgos, porque ese día y otros muchos eran de un desconsuelo total. Arsenio castigaba a sus galgos, arreglaba la estancia de los conejos y no comía. También se enfadaba, como el desastre era tan visible, sintiéndose responsable. No sabía cómo pedir perdón a su mujer, dramatizando su situación sin comer, consideraba que era una acción de pedir perdón. Cosas de Arsenio.

Repentinamente, todo cambió: Alfonso Torres, decidió ceder sus tierras, con una renta anual que era asumible (excepto los viñedos, que les tendrían que labrar para su beneficio, y las ovejas) a los hijos varones. Los aperos de la labranza, el tractor y la mula los compartirían entre todos. Los caballos se los podía llevar Arsenio, siempre disponibles, si fuesen necesitados por sus hermanos.

Así, la casa de Torres Rubio creció, en animales y mucho más trabajo, las tierras sembradas de trigo y cebada tenían que ser rentables. A Arsenio le correspondieron unas tierras situadas en una meseta, muy cerca del río del pueblo y relativamente cerca de su casa, trabajaba muchas horas, no se podía permitir contratar a nadie, tenía continuas discusiones con sus hermanos, por los aperos de labranza, parecía que se ponían de acuerdo para utilizar el mismo apero el mismo día. Adrián, el hermano pequeño, viendo la situación dramática, les propuso un sistema de organización para que todos se beneficiasen y no saliese ninguno perjudicado. A regañadientes y no viendo otra solución, aceptaron, no les quedaba otra elección.

Lucía llevaba una semana rara y con cierto malestar, devolvía por las mañanas, se sentía cansada, apática; fue al pueblo de la abuela y tías, les contó cómo se sentía, rápidamente le preguntaron cuándo había tenido la última regla, ella dijo que este mes no la había venido, era bastante irregular en el periodo menstrual. Diagnóstico rápido:

—Lucía, estás embarazada.

Alegría, miedo, sensaciones que sintió Lucía. No era el mejor momento, tampoco había tomado precauciones para no quedarse embarazada, le gustaban los niños; a Arsenio, no tanto, pensaba –un aumento más de preocupación, otra boca que alimentar y vestir, no sabía cuándo y cómo se lo diría a su marido, temía su reacción–.

Volvió a su casa pensativa, su cabeza no paraba de dar vueltas: ¿cómo?, ¿cuándo?, ¿dónde? se lo diría a su marido.

Fue fácil, muy fácil. Cenando, Lucía notó que Arsenio estaba muy contento. Tomándose unas natillas de huevo que ella había hecho y que, a él, le encantaban, se lo dijo:

—Estoy embarazada –Vamos a ser padres –ya está.

Arsenio la cogió en brazos, la besaba, la acariciaba, se puso loco de contento, esa misma noche, planificó la vida de "su hijo", porque iba a ser varón.

Un hombre más en la casa, por supuesto que estudiaría, como era el deseo de Lucía, pero él tendría una gran ayuda en la labranza. Su futuro estaba decidido: se dedicaría a cultivar el terreno, eso sí, con conocimiento de lenguaje, escritura y matemáticas, se dedicaría a montar a caballo, iría a los encierros, a cazar, tendría carné de conducir, el futuro tractor, el futuro coche, el futuro… el nombre que pondría a su hijo lo decidió esa misma noche:

—Como yo, Arsenio, Arsen, cuando fuese pequeñito.

Lucía asentía, no le parecía mal el nombre, pero ¿cómo sabía su marido que iba a ser varón? ¿Y si fuese mujer? A ella también le apetecía que fuese niño, los hombres tenían una vida más fácil que las mujeres. Dudaba mucho de que su hijo se dedicase a la labranza, el campo era muy duro y poco agradecido, había que estar mirando al cielo, los 365 días del año y del siguiente y de todos los años, que el campo te recompensase era una bendición del tiempo. Soñaba para su hijo un mundo laboral mejor, le veía de maestro o trabajando en un Banco, por supuesto en la capital. Ella quería un futuro brillante para su hijo, ya que ella había fracasado: jamás pensó en vivir en el pueblo, jamás pensó que iba a depender económicamente de su marido, soñaba, soñaba y también soñaba Arsenio, pero eran contrapuestos sus sueños. Mientras que él contaba sus planes, Lucía callaba, callaba, no exteriorizaba ningún efecto sonoro, todo lo que pensaba se lo decía para ella, estaba tan convencida de que sería varón que empezó a preparar la ropita del bebé, toda de color azul, y veía patrones para cuando se hiciera grande, poder hacerles bonitos petos y camisas; cuando le preguntaban qué deseaba tener, niño o niña, siempre contestaba, que era niño y que estaba muy contenta, su vida sería mucho más fácil.

Don Ernesto Pérez, médico del pueblo, serio y perseverante, le hizo un reconocimiento:

—Todo está estupendo, muchacha, y no digas tonterías de que es un niño: hasta que no alumbres, no lo sabremos. Los vómitos son normales estando embarazada, ahora debes comer por dos y hacer mucho reposo, para que no se malogre la criatura.

Don Ernesto cobró su tarifa, unas pesetas y un conejo desollado regalo de Lucía.

Los meses transcurrían. Con mucho trabajo y muchas ilusiones, Lucía decidió comprar gallinas, vender los huevos, alimento imprescindible, que, junto con el cerdo, los pollos, conejos y legumbres, eran los alimentos que componían los menús diarios de los vecinos. Entendía que estar embarazada no es una enfermedad, sino algo maravilloso, que te da energía y fuerza para compatibilizar tu trabajo.

Arsenio se dedicaba a estudiar cómo mejorar su economía, cómo podía aumentar sus ingresos, y decidió comprar ovejas: pidió un préstamo al banco y compró sesenta ovejas, castellanas y churras, y un hermoso y bravo carnero. La convivencia entre los ovinos elegidos era perfecta. El objetivo era conseguir leche, criar corderos y vender su lana; disponía del aprisco de su propia casa, pajar para almacenar la hierba seca para cuando hiciese mal tiempo y dar de comer al ganado. Lo tenía todo, todo menos tiempo para cuidarlos. Además, él no era muy habilidoso para mimar y cuidar a las ovejas, por lo que con el lote de los ovinos llegó a la casa Félix.

Félix el pastor, el pastor que sería un miembro más de la familia, exigía tener un burro y se le compró. Rápidamente le bautizó con el nombre de *Trotón*, y le acompañaban dos perros ovejeros, sin raza, pero capaces de cuidar y defender el rebaño: *Zeus* y *Apolo*. Félix era joven, regordete, hablaba lo justo, conocía su trabajo, ordeñaba dos veces al día, se emocionaba cuando el carnero montaba a las ovejas, asistía a los partos con júbilo, cuando se complicaban llamaba a Arsenio (fue practicante en la mili), y se consideraba veterinario: por lo que sabía, no existía parto complicado para él, fuese gemelar o el cordero en mala posición, realizaba exhibiciones de su saber ante el pastor, este confiaba plenamente es su amo, para que el corderito o corderitos tuviesen un buen nacimiento.

Sacaba al rebaño a pastar a los campos en barbecho, pasaba horas y horas en el campo, jamás se quejaba, estaba encantado con su oficio; adoraba a Lucía y temía a Arsenio, por los gritos o voces que le daba cuando las cosas no salían bien, pero jamás le rechistaba, le tenía mucho respeto, y sabía que Arsenio valoraba su trabajo y gozaba de su estima.

Zeus y *Apolo* se integraron con la familia perruna; *Canela* y *Caín*, les aceptaron sin más: ellos, los galgos sabían que eran los preferidos del Amo.

El embarazo de Lucía seguía su curso. El verano fue terrible de calor en la meseta castellana. Ella seguía con la cría de sus conejos, además contaba con la ayuda de Félix para ver cuántos gazapos había parido la coneja. Este, que era muy bien mandado y nada escrupuloso, con habilidad contaba uno, dos…siete. Y otra vez el gozo de Lucía era increíble. Ahora lo compartía con el pastor, pues Arsenio, no quería saber nada de los conejos, que le originaban muchos disgustos.

La familia Torres Rubio, progresaba, mucho trabajo, pero progresaba. Lucía aprendió a hacer quesos, una rica cuajada que realizaba con la leche recién ordeñada y con un mimo muy especial, sus cinchos de esparto muy limpios, sus moldes y aros, requetés limpios, sus gasas de hilo preparadas, drenaría el suero de la cuajada, una y otra vez, lo prensaría bien, lo salaba, este proceso tan básico era fundamental para conservar bien el producto, para formar la corteza, para evitar que salgan microorganismos, además de potenciar el sabor y aroma.

Su queso rápidamente se hizo famoso. La producción era pequeña, por lo que, a mucha demanda, podía cobrar unos céntimos más caro que el queso que vendían en el mercado. El queso lo vendía con poca curación, no daba la producción para que los quesos envejeciesen.

Arsenio pretendía controlar todo, pero sus hobbies, como la caza, las partidas de giley, el cuidado esmerado a sus caballos, y el trabajo, de la siembra y recogida de los cereales, le hacían imposible el control; además, no le gustaba, para eso estaba Lucía controlando, para él estaban dedicadas las tareas duras y las de pensar… ah, y llevar a Lucía los domingos a misa, a tomar el vermut y por la tarde, después de una siesta, al baile.

Cuando había cine en el pueblo, cada uno debía llevarse su silla. A Lucía le encantaba el cine, preferente películas románticas o musicales. Arsenio prefería películas de vaqueros o de humor, nunca llevaba silla, se quedaba de pie con el resto de los hombres, bebiéndose un vino; las sillas eran para las mujeres y tomándose pipas –esas eran las reglas, no escritas, estipuladas por los hombres –Arsenio, nunca se fijó en el color de vestido, ni en los pendientes, ni cómo llevaba el pelo su esposa, jamás dio importancia a esos detalles, él sabía que su mujer era la más guapa, la que mejor tipo tenía, y sobre todo la más deseada por los hombres del pueblo y alrededores, pero era "suya". Además, ella no tenía tiempo de tontear con nadie, y eso también le gustaba a Arsenio, que solo tuviese ojos para él.

A finales de septiembre o comienzos de octubre, si el tiempo se presentaba frío, Arsenio plantaba la cebada y el trigo, para que cuando viniese el frío de verdad, la planta ya tuviese hojitas.

Las conversaciones con más diálogo en la pareja se producían a la hora de la cena: Lucía siempre le daba gusto con la comida, "Sopa de ajo Arriero", "Sopas Torraderas", "Huevo frito", y siempre se terminaba la cena con un trocito del exquisito queso, o unas natillas o flan de huevo que le salían de concurso. Hablaban del futuro hijo, de cómo marchaba la ganadería, de lo competente que era Félix. Lucía planteaba que había que hacer obra en la casa, esto a Arsenio no le gustaba:

—Todo está bien y punto.

Para que no se cabrease, ella cambiaba de conversación. Tendrían que hacer la matanza (su suegro les regalaba un cerdo). Arsenio asentía. Le gustaba el día de la matanza, era casi un festivo: los amigos del pueblo se reunían para sacrificar al cerdo y las mujeres preparaban la sangre, la carne para hacer los chorizos, salchichón, unas pocas de morcillas, el lomo y costillar en orza con manteca, los futuros jamones.

Se ponía en la lumbre, pequeñas piezas de tocino y lomo, y se acompañaba de un vino peleón, que estaba, según todos, de muerte. Era un gran día para Arsenio; para Lucía, era un día de mucho trabajo: organizar todo, pesar añadir aliños, lavar las tripas del cerdo que se rellenarían con la carne picada arreglada de distinta forma, si era para chorizo o salchichón; fregar todo, que todo estuviese limpio, atender a los hombres. Siempre contó con ayuda de alguna cuñada y de alguna tita; además, su barriga era ya de un tamaño considerable.

Don Ernesto Pérez había pronosticado el nacimiento del

varón (ya estaba convencido que iba a ser varón) para finales de diciembre.

—Cuando empiecen las primeras contracciones, aguanta, Lucía. Cuando sean cada ocho minutos id a buscarme para atender el parto. Tened la casa caliente, muchos paños limpios, agua caliente que haya hervido bastante tiempo. Tened todo preparado para cuando yo aparezca, y tú, Lucía, tranquila. No eres la primera mujer ni la última que va a dar a luz.

Ella, asumía todo lo que el médico le decía. Había hablado con la abuela, las tías y las amigas que ya eran madres, y todas contaban lo mismo: "Un ratito, muy malo y doloroso, que se te olvida pronto, cuando ves la carita del bebé". A Lucía le preocupaba mucho más que el niño naciese bien, que tuviese orejitas pequeñas y pegadas a la cabeza, odiaba las orejas de avión, quería que su niño tuviese el color de piel clarita, tenía más ventajas en la sociedad que ser moreno, que tuviese completos los deditos de las manos y de los pies, que el médico le hiciese bien el botón de la barriguita… le preocupaba, lo que a todas las madres, que su hijo naciese bien, que no le faltase nada y que respirase pronto.

Para Arsenio, sus deseos eran primero, que naciese bien (estaba seguro, que así sería), que fuese fuerte, porque le esperaba mucho trabajo, que le gustasen los caballos y los perros, bueno, de todo esto se encargaría él de enseñarle, la educación de buenos modales se la dejaba para su madre. No tenía problemas con el color de piel ni de ojos, que viniese bien dotado genitalmente, eso sí era importante, un buen pene y dos hermosos testículos, todo lo demás era insignificante.

Arsenio ya había hablado con Lucía de que no quería tener más hijos, que estaba muy harto de tener una familia tan grande como la de su padre. Consideraba que con un varón tendrían suficiente, así podrían dedicarle tiempo a su educación. Lucía, no compartía esa idea: ella quería tener tres hijos, lo cual escandalizaba a Arsenio, que le decía que con un hijo, ya tenían suficiente, que la vida era muy dura, que ellos eran muy jóvenes y tenían que disfrutar de la vida, que a la hora de repartir la herencia, sería mucho mejor, sin crear problemas, todo para su hijo; y se reafirmaba en lo que opinaba, diciendo que iban a tener un varón, y si se arriesgaban a más embarazos podían tener niñas, que le complicaban la vida y además tenía que casarlas, y… ya está Lucía, no hay más discusiones, con un niño ya formamos una preciosa familia. Lucía protestaba, decía que un hijo solo se malcriaba, que no aprendían a compartir, que los hijos únicos que conocía eran caprichosos, egoístas y muy maleducados, que ella quería tres hijos, y que quería una niña, que estudiaría, que haría una carrera universitaria y que por supuesto su hija viviría en la capital. Así de diferentes eran los dos, y los dos defendían sus argumentos con gran energía, sin llegar a ponerse de acuerdo.

Arsenio sabía que su propuesta sería la que se haría: él era el "Amo", "el Hombre", el que decidía. Esa noche se iban a la cama sin hablarse, sin decirse buenas noches. El tema de los futuros hijos, sí o sí, era un tema que les ponía muy nerviosos y alterados a los dos, el enfado podía durar dos o tres días. Arsenio decidía no hablar y poner cara de enfado, Lucía le recriminaba, le decía que no era para tanto, que sería lo que Dios quisiese: más cabreo que Arsenio cogía. Tenía que ser Dios el que decidiese si quería tener más hijos, eso era el colmo. Para hacerse el ofendido, llegaba tarde a la hora de la comida y se marchaba sin cenar a la cama.

Lucía, disgustada, se quedaba escuchando la radio, el único medio de información y de entretenimiento; todas las emisoras de radio tenían la obligación de conectar con Radio Nacional a las 14:30 y a las 22, para transmitir el *Diario hablado*, ya que la información general la poseía en exclusiva esta emisora del Gobierno; Lucía tenía su aparato de radio de tamaño grande colocado en una repisa en la cocina. Su radio era su fiel acompañante. Era grande, muy grande (regalo de su tía del Norte), de madera color caoba y una tela terciopelada color amarillo, con dos ruedas frontales en forma de botón hermoso, una de ellas para buscar emisora y la otra para el volumen. Ella consideraba que tenía un tesoro, lo ponía a la hora de desayunar y en la cena. Lucía estaba acostumbrada a leer el periódico. Cuando iba al pueblo de su abuela, eran suscriptores diarios y la lectura del periódico era todo un ritual: se leía después de rezar el rosario y siempre se comenzaba por la parte de atrás. Cada día le tocaba a una tía leerlo: se detenían durante mucho tiempo en las esquelas mortuorias, se creaba un gran debate, con las esquelas –pequeñas –demasiado grandes –faltan familiares –era muy joven –lo conocían –siempre aparecían mayoritariamente esquelas de hombres, siempre superaban a las de mujeres –tendría el testamento redactado. Cuando terminaban de leer el periódico, habían pasado dos horas o quizá tres. En la casa había un loro, "El Loro Blas", rezaba el rosario divinamente y seguía las noticias. Cuando era la noticia de fallecimiento siempre decía: "Descanse en paz"

En su pueblo el periódico llegaba al Casino, y eran los hombres los que acudían todos los días los que tenían la oportunidad de leerlo. Arsenio decía que él se enteraba de todas las noticias en el Casino y que con eso tenía más que suficiente.

Diciembre se estaba presentando frío, muy frío: los termómetros por las noches marcaban menos cinco grados, y el día amanecía y se mantenía no más de ocho grados. Días caracterizados por grandes nieblas, los dos estaban un poco asustados por el nacimiento del bebé con estas temperaturas. Arsenio, tenía leña, mucha leña para alimentar "La Gloria", lo que más le preocupaba, decía en voz alta:

—Tener que ir a por el médico –comentaba con su mujer. Que no sea en Nochebuena, que no sea en Nochevieja, que sea un día que suban las temperaturas, que sea de día, si pudiese ser después de comer, que nos avise con tiempo, que no llueva…

Ante los miedos que se adueñaban de su cuerpo, quería evitar la tragedia, siempre, sin decir nada, ambos pensaban en la muerte de la madre de Lucía al parir a su hija. Este pensamiento negativo les invadía la mente y sus temores aumentaban.

Estaba convencido de que podía decidir el día, hora, minuto de su tan deseado varón; y pasaron los días de diciembre, incluyendo la Nochebuena y la Nochevieja, y el bebé no daba muestras de querer venir al mundo.

El año nuevo de 1956 amaneció nevando, con un frío tremendo. Lucía se encontraba molesta, sin contracciones.

—Arsenio –comentaba, este cabezón de Arsen va a nacer en Reyes Magos, este niño sabe el frío que hace, por eso no quiere nacer, está esperando el momento oportuno, es listo ya desde la barriga de su madre.

Los vecinos estaban intrigados viendo cómo se retrasaba tanto el nacimiento:

—Don Ernesto Pérez nunca se equivoca, y dijo para diciembre ¿Estará pasando algo y no nos hemos enterado?

Las suposiciones eran miles, no había un tema más importante que el nacimiento de Arsen, el hijo de Arsenio, porque todos los vecinos sabían que era un varón y le envidiaban: el primer niño y varón.

Dos días antes de los Reyes Magos, Lucía comenzó con contracciones, aguantando, como debe ser, controlando el tiempo de cuando se repetían. Hizo llamar a su tía Teresa, todo preparado, no paraba, solo descansaba cuando le venían los dolores. Había que tener todo preparado para cuando llegase el médico, para que su hijo naciese con el mejor confort que le podía proporcionar; Arsenio estaba muy nervioso, muy nervioso, paseaba, paseaba, preguntaba cuándo iba a por el médico, le pedían tranquilidad, algo que estaba muy lejano. Pasaban las horas y Lucía no decía nada, solo que estuviese tranquilo: esto aun, le ponía más nervioso. No quería que su hijo sufriera, quería que su hijo naciese ya. Pasaron, las horas del día 3 de enero y entró el nuevo día. A las seis de la mañana, Lucía ordenó a Arsenio que fuese a por el médico. Este, veloz, fue a casa de su padre a por la "Serre", en busca de él: la hora del parto, por fin había llegado.

Don Ernesto llegó, vio a Lucía y dijo:

—Chica, el niño ya está aquí.

Las medidas higiénicas que él practicaba eran muy rutinarias, lo que sí pidió fue una copita de anís, rebajado con agua antes de comenzar a atender el parto. Inmediatamente, su copita estaba preparada. Mientras el médico se iba quitando, sombrero, guantes, abrigo, chaqueta, para quedarse en mangas de camisa, que iba recogiéndose hasta el codo, exploró a Lucía y echó a Arsenio, para que no molestase.

—Lucía, tienes que ayudar, esto ya está aquí. Tiene la cabeza pequeña.

Por lo que será más fácil parir. Ahora estás a las órdenes mías: té vendrá una contracción, te diré que empujes, empujas con toda tu fuerza, no grites, no desperdicies tu energía, yo solo te voy a ayudar, pero todo lo tienes que hacer tú. ¿Entendido?

Lucía asentía con la cabeza, la tía miraba al médico muy regular, no le gustaba su comportamiento dictatorial en momentos tan duros.

El día 4 de enero de 1956, a las 8:50, Lucía Rubio, con mucho dolor, esfuerzo y entereza, parió el bebé tan deseado.

*"Si no quieres ver tus deseos frustrados
no desees jamás sino aquello que sólo de ti depende".*

EPICTENEO DE FRIGIA

2. SU HIJA ANDREA

Don Ernesto habló:

—Pues hija, que es una niña, suerte que has tenido, ya tienes quien te cuide cuando seas mayor, y será tan guapa como tú. Bueno, ahora es feúcha y muy morenita, pero con el tiempo se aclarará la piel, sus rasgos cambiarán y digo yo, que tiene que ser guapa.

A Don Ernesto, después de medio lavarse sus manos, de tomarse su otra copita, se le pagó sus honorarios y ordenó a Arsenio que lo llevase a su pueblo, que tenía que ver a más pacientes.

Tiempo tuvo Arsenio de pensar, de cabrearse, tiempo tuvo para decirse, que qué mala suerte había tenido, que sería el hazmerreír del pueblo, que todas sus ilusiones, de repente, se habían ahogado, se sentía traicionado por todo, por Lucía, por el médico, por el pueblo, por la naturaleza, hasta por Dios (que no creía). No tuvo tiempo de ver a Lucía, ni a la niña. Pasaron dos horas, dos largas horas, hasta que volvió a casa.

Se acercó a Lucía.

—¿Cómo estás, ¿cómo te encuentras? Bueno, pues es una chica, te saliste con la tuya, el perdedor he sido yo, tendrás que educarla tú, tendremos que estar alerta continuamente, ser chica es correr muchos riesgos con los hombres. ¡Bienvenida a este mundo! ¿Y qué nombre le pondremos?

No había pensado en nombres de chicas, estaba tan claro que era chico.

Lucía, oía, callaba, pero estaba contenta: su marido aceptaba a la niña, eso ya era mucho. El segundo paso es que viese a la niña, el nombre ya lo había decidido ella, como su madre, que no llegó a conocer: Andrea.

Andrea, de origen griego: valiente. Así sería su hija y así se lo comunicó a su marido. Este se alegró cuando le dijo el significado del nombre, entonces se acercó a la cuna y pudo conocer a su hija, morenita, muy morenita, con el pelo oscuro ensortijado, con una carita muy finita, unas extremidades largas, muy largas, delgadita, pero parecía activa, rápidamente se había enganchado al pecho, iba a ser lista. Le produjo ternura: después de nueve meses, esperando un varón, esta niña le produjo cierta dulzura, le ablandó el corazón, sintió un repentino afecto por esa niña. Su hija Andrea.

Todo fue un cambio repentino en la vida de Arsenio y Lucía. Ella estaba guapa, contenta y encantada con el nacimiento de su hija, que no era muy guapa, pero sí parecía graciosilla. Arsenio también estaba contento, él comentaba que la "desesperación es para los débiles":

—Yo no lo soy, lucharé para que esta niña se eduque en un mundo de fuertes, yo me encargare de ello.

Estas manifestaciones llamaban poderosamente la atención de familiares y amigos, la vuelta a la tortilla. Les sorprendía, pero Arsenio era así: su carácter, que defendía la superioridad del hombre sobre la mujer, que defendía que lo que hace un hombre es capaz de hacerlo una mujer, él que decía que la mujer debe ir acompañada a actos públicos, él que decía que las mujeres no tienen fuerza ni valor para la agricultura, que no tienen habilidades para montar a caballo y galopar, Arsenio, que defendía "Lo Suyo", su mujer Lucía, porque era de él, con ese pensamiento posesivo, con las formas de descalificar a mujeres que estudiaban –porque eran para lo que servían–, él, que consideraba que el hombre y la mujer nacen con objetivos y ambiciones diferentes en la vida, –la mujer en casa– –hay que ocuparse de problemas de verdad, no de las tonterías que se le ocurren a una mujer–.

Su pensamiento estaba muy generalizado en los hombres de aquellos años, su educación estaba basada en el hombre fuerte, el hombre que hace la mili, el hombre todopoderoso, el hombre, nació para mirar al mundo de frente; la mujer estaba preparada para las faenas del hogar, de traer hijos al mundo, cuidarles y de prestar obediencia, lealtad al marido.

Ni la valentía de Arsenio ni la sumisión de Lucía eran algo raro, así eran los adoctrinamientos de la época.

Se produjeron grandes cambios en Arsenio: valoraba lo que hacía su mujer, consideraba que era el alma de la casa, comenzó a expresarse de otra forma, con respeto a las mujeres. Él conocía el trabajo de las actrices por las películas: Elisabeth Taylor, Grace Kelly, Ava Gardner, Sara Montiel y, cómo no, a la Faraona, Lola de España. La niña de fuego. La Lola Flores. Torbellino de colores, que cantaba coplas, rumbas, que bailaba removiendo la tierra que pisaba, que era actriz y que fue una de las primeras mujeres después de la posguerra en hablar libremente de temas considerados tabú como la violencia sobre las mujeres, las relaciones extramatrimoniales o la prostitución.

Arsenio admiraba a este tipo de mujeres, aunque consideraba que pertenecían al mundo de la farándula y lo tenían más fácil que otras mujeres.

Tenía muy cerca la lucha por dar visibilidad a las mujeres, su propia mujer; su hermana Encarna Torres, luchadora, independiente, que había terminado Magisterio muy joven, se dedicaba a la enseñanza de niños y en sus ratos libres abría la escuela para enseñar a leer y escribir a los adultos que quisieran, con una paciencia sin límites, considerando que era imprescindible saber leer y escribir.

Arsenio, un domingo, invitó a comer a su hermana Encarna Torres, siempre se habían llevado muy bien, admiraba la fuerza que ponía en todo aquello que perseguía. Era novia de un militar, aunque ella siempre decía que de política no quería hablar, que el actual régimen, no daba oportunidades a las mujeres.

Aquella comida, estuvo muy animada, Arsenio, contó brevemente como se habían planteado la educación de Andrea, a lo que su hermana, asombrada y contenta respondió:

—En este mundo, históricamente dominado por los hombres, las mujeres, nunca lo tuvimos fácil. Sin embargo, algunas hicieron frente a los estereotipos, rompieron barreras hasta conseguir brillar en sus respectivos campos y, lo más importante, abrir caminos para otras mujeres.

Arsenio y Lucía escuchaban embelesados cómo se expresaba Encarna, con seguridad y conocimiento.

—Hermano, cuñada, aparte de las artistas, cantantes, actrices, bailaoras y alguna novelista que conocéis, existieron y existen mujeres que brillaron y brillan con luz propia:

—Clara Campoamor. Política y abogada.

—Emilia Pardo Bazán. Novelista.

—Juana la loca. Reina de Castilla.

—María Zambrano. Filósofa.

—Amalia Earhart. Aviadora.

—Ana María Martínez Sagi. Poeta, periodista y deportista. Una mujer luchadora. Preocupada siempre por la participación de la mujer en la política. Curiosamente, fue la primera mujer directiva en Europa de un club de fútbol, el Barcelona.

—Coco Chanel. Mujer revolucionaria en la industria y en la moda, dominada por los hombres.

—Josefina Carabias. La gran periodista. Hace no mucho se trasladó a Estados Unidos como corresponsal y trabaja para tres periódicos.

Encarna continuaba con el listado, que, de memoria, se sabía, con historias y anécdotas sorprendentes. Ahora entendía su hermano Arsenio el coraje y la lucha que se había impuesto su hermana desde siempre.

Esta comida, que llegó hasta la merienda, la recordarían Arsenio y Lucía toda la vida; sobre todo Lucía, pues a Arsenio había que refrescarle de vez en cuando la memoria.

Los años pasaban muy deprisa, y Andrea crecía en un mundo se podría decir feliz: era muy querida por sus padres, titas y titos, le gustaban los animales, era íntima amiga de los galgos, *Canela* y *Caín*, y adoraba a *Zeus* y *Apolo*, que eran sus mejores amigos. Cuando Félix volvía con las ovejas, los perros se acercaban a ella rápidamente, para lamerla y juguetear. Félix siempre le llevaba un regalito, una taba, un trocito de rama especial, una piedra curiosa, una bolita de cristal… la quería mucho, porque decía que era una niña muy cariñosa y educada, se entretenía con ella dedicando un tiempo del que no disponía; y entonces venia Arsenio y a gritos le decía que iba retrasado con el ordeño. Félix jamás protestaba, agachaba la cabeza y se iba a cumplir sus obligaciones. Andrea, cuando su padre voceaba, no se asustaba, le miraba con cara de reproche; tampoco se atrevía a decirle que no era adecuado su tono de voz. Su mirada de desaprobación, Arsenio la entendía muy bien.

Cuando Andrea cumplió cuatro años, sus padres le regalaron una bicicleta roja preciosa Orbea: todas las bicicletas que llegaban al pueblo eran Orbea. Andrea estaba contenta y sorprendida, una bicicleta era lo que más deseaba, y esta era muy bonita, como ella había soñado, pero tenía varios problemas: era muy grande para su estatura y no sabía montar en ella. Arsenio le dio solución a tantos problemas planteados: primero, compró unos "ruedines" o "ruedas laterales", que permitieron a Andrea subirse en la bicicleta y mantener el equilibrio. Su padre la enseñó a frenar y continuamente le decía que no hiciese giros muy rápidos –la cabeza alta y al frente–. Andrea estaba muy contenta con su bicicleta Orbea roja, era preciosa. Ella sabía que más pronto que tarde guardaría el equilibrio, pedalearía, le quitarían los ruedines y podría ir con su padre, casi al mismo ritmo que él. Lo de sentarse en el sillín era bastante más complicado: tenía que crecer bastante, pero a ella este problema no le importaba, ya se sentaría, tiempo al tiempo. Su madre sí veía una locura y una atrocidad la bicicleta tan grande, percibía continuos peligros para su hija, peligraba su seguridad. Esta bicicleta trajo al matrimonio muchas discusiones, que terminaron cuando

Andrea dominó la máquina de dos ruedas. Era prudente y habilidosa, pronto pidió a su padre que le quitase los "ruedines", porque ella ya no los necesitaba.

Andrea Torres Rubio: Andrea (Valiente) –Torres (Valentía. Creativa) –Rubio (Inteligencia. Sabiduría): estas cualidades eran los sinónimos de su nombre y apellidos. Valiente era por su padre, no quería defraudarlo nunca, además se sentía muy contenta inconscientemente de que ella hiciese cosas que raramente hacían las demás niñas.

Caramelo se hizo mayor: el caballo más querido de Arsenio ya no galopaba como él quería, decidió venderlo y comprar otro; eso sí, siempre que fuese de color toffe, sería un caballo que superase a *Caramelo*. De feria en feria, tardó unos seis meses en encontrar lo que él con pasión buscaba. Nada más verlo, supo que era para él, aunque el precio era elevado y costó mucho regatear y acercarse al dinero con el que contaba, excedió su presupuesto, pero también superó sus expectativas: compró un caballo de raza árabe, caracterizado por su inteligencia, carácter fuerte y gran resistencia; su caballo poseía una cabeza en forma de cuña y muy refinada, frente amplia, ojos grandes, fosas nasales grandes y hocicos pequeños, unas buenas caderas y una gran cola, que siempre estaba en alto. Era color caramelo con la crin larga color chocolate y le llamó "Sultán".

Sultán era joven y Arsenio sabía cómo educarlo. Su inteligencia podía jugarle una mala pasada, podía coger malos hábitos si no le educaba correctamente.

Fue una gran alegría para Andrea conocer al hermoso caballo. A Lucía le parecía una locura el precio pagado por él, además no le agradaban animales que comían, daban trabajo y no producían, pero su protesta no servía para nada.

Sultán estaba en la cuadra y la verdad era que, mirándolo, se hacía querer, no como la yegua Coraza, que la mirabas y te daba una coz. Coraza solo era amable con Arsenio. Este estaba buscando un buen semental para que engendrase, pero no existía semental que pudiese cubrirla, no se dejaba, no quería relaciones amorosas.

Sultán y Andrea, rápidamente se hicieron amigos: ella le daba terrones de azúcar que el relamía, peinaba con un cepillo especial su cola y le decía *tienes el pelo más bonito del mundo*. Su padre, viendo la sintonía que tenían, con mucho cuidado y esmero la sujetaba para sentarla a lomos de Sultán. Era un momento único, era el momento que Andrea le decía al caballo:

—Pronto podré ensillarte, saldremos a trotar por el campo y nos acompañará *Canela* –y el caballo asentía, asentía como si entendiese esa vocecita dulce y cariñosa; al lado, muy cerca, estaba Coraza. A ella ni se acercaba ni la mimaba, era imposible, desprendía furia en sus ojos y en sus movimientos. Arsenio, con prepotencia, decía a su hija que jamás podría montar a Coraza. ¿Era una amenaza? ¿Podía ser una provocación? ¿O tal vez fuese un reto? Andrea no contestaba, sabía bien que crecería y que ya se las ingeniaría ella para hacerse amiga de Coraza, no sabía cómo, pero buscaría la forma. Lucía era amiga de Carmen, la maestra del pueblo, y le propuso que admitiese a la niña en la escuela, aunque no estaba en la edad reglamentaria. Carmen aceptó que Andrea acudiese a la escuela. Lucía, loca de contenta, se lo comunicó a Arsenio, pero este no dijo nada valioso –vale–. Eso ya era mucho: aprobaba la nueva situación que ella había decidido. Rápidamente, le hizo un Babi: era color rosa, con rayitas blancas, una preciosidad. Le compró un estuche de madera con cinco pinturas, también de madera, una libreta con seis hojas y un cabás, color rojo. Y llegó el día. Lucía peinó y repeinó los rizos indomables de Andrea, la vistió muy bien y le puso su babi: estaba radiante. Arsenio la contemplaba, orgulloso de su niña preciosa, pero sí le dijo:

—Cuando vuelvas de la escuela, tienes que dar de comer a Sultán y Coraza. Andrea asintió, pues era lo que más le gustaba.

Carmen, la maestra, la cogió de la mano para acercarla a un pupitre y presentarla al resto de niñas, en total dieciséis, de distintas edades. Ella era la más pequeña y la más rara de todas, ninguna niña de la escuela llevaba "babi"; Andrea lo observó rápidamente, así como el resto la observaban a ella, pero con ese sexto sentido que poseía, se sentó en su pupitre como si no pasase nada especial. Le llamó la atención el tintero que había en la mesita, cruzó sus bracitos y esperó a que la maestra Carmen le indicase qué hacer. Para ella era todo muy novedoso, y su corazón latía muy deprisa. El estar con más niñas ya le parecía un regalo inmenso, y además con las niñas mayores. Hasta la hora del recreo no hizo nada excepto observar, que ya era mucho. La maestra Carmen ordenó a las niñas ponerse en fila y a Andrea la llevó de la mano; en su mesa, preparo leche en polvo y en vasos multicolores de aluminio iba repartiendo al mismo tiempo que decía:

—Este vasito de leche os hará crecer mucho y aprender más. Andrea se tomó lo que la maestra le ofreció y le supo a gloria bendita, aunque quizá le faltaba un poco de azúcar.

Cuando salió de la escuela, ella se dirigió a su casa. Estaba de mal humor, triste y con sensación de haber hecho el ridículo. Lo primero que dijo a su mamá fue:

—Es que no quiero llevar el babi, ninguna niña lo lleva. Hoy todas las niñas y niños se han reído de mí.

Arsenio sonrió:

—Ya sabía yo que ibas preparada como las niñas de la ciudad. Tu madre se tiene que adaptar a las costumbres de aquí. Pero Andrea, no es para tanto, piensa en la suerte que tienes de acudir a la escuela. Dentro de poco tiempo, ya verás como el babi será obligatorio; quita esa cara de enfado y cuéntanos qué has aprendido hoy en la escuela.

Lucía se ruborizó y sintió rabia, quizá por el ridículo que había ocasionado a su hija. Estaba enfadada, porque ella no quería ser el punto de atención, y sin el babi sería una más. Contó que, cuando terminó el horario de la escuela, salieron a la calle, niñas de un aula y niños de otra aula continua; y los niños se rieron de ella y le dijeron cosas que no le gustaron nada. Sí se fijó en quiénes se habían reído y quienes la habían increpado.

Desde muy pequeña aprendió a observar, reservar, callar y buscar el momento adecuado para decir lo que fuese importante o lo que la hacía daño. En otras ocasiones callaba, pues sabía que era mejor callar que hablar sin argumentos buenos.

Andrea y Arsenio se entendían muy bien, una sola mirada de ambos sabía lo que querían, no eran necesarias palabras. Su padre también notaba los reproches de su hija cuando su comportamiento no era el adecuado: el hablar a su madre en un tono despótico, el vocear a Félix, el dar tres golpes en la mesa con el vaso para que le sirviesen el agua, detalles en los que Andrea se sentía incómoda con ese "Padre", que era todo para ella, ese padre que la motivaba cada día, diciéndole:

—Puedes más de lo que te imaginas.

—Vales más de lo que piensas.

—Si esto lo puede hacer un hombre lo puedes hacer tú.

Andrea memorizaba todo, todo, sabía que su madre poseía unas normas de educación que eran muy correctas, tan correctas, que en cierta ocasión (cuando la enviaba a los recados a la tienda de comestibles, de comestibles y de todo lo que uno se puede imaginar), había un albañil arreglando un tejado cerca de su casa y cuando pasaba Andrea le decía "buenos días señor Mateo" y el señor Mateo levantaba su cabeza y la saludaba, de vuelta le volvía a saludar y así podía estar todo el día, hasta que el señor Mateo, habló con Arsenio:

—Por favor, te ruego que le digas a tú hija que no me salude, cada vez que pasa tengo que dejar la teja que estoy poniendo, y me saluda como diez veces al día. Por favor, Arsenio, que yo aprecio mucho a Andrea, sé que es muy educada, pero como siga así no respondo, hasta se me puede caer una teja del tejado.

Este pequeño incidente provocó un enfrentamiento entre Arsenio y Lucía, total para nada, Andrea, entendió que tenía que ser educada, pero no molesta.

El mundo que rodeaba a Andrea era muy distinto al de las niñas de su edad: su padre se encargaba de ello, estudiar sí, pero…

—Tienes que estar pendiente de los animales, tienes que estar pendiente de lo que yo hago, en un futuro sabrás hacer todo lo que un hombre puede hacer, te faltara fuerza, pero te sobrara imaginación. Haz caso a tu madre en los buenos modales, ten un comportamiento adecuado a una mujer, sé responsable, no chulees de lo que sabes, pronto, muy pronto, tendrás edad suficiente para ayudarme en tareas más duras.

Arsenio era contradictorio a la hora de tratar a las mujeres: su comportamiento con Lucía, a la que más quería, con un querer posesivo, la controlaba y él era superior. Le hacía caso en cuestiones de negocios (en ocasiones), se divertía con ella, aunque también le gustaba exhibir a la mujer tan guapa que tenía. Jamás valoró su esfuerzo, trabajo diario y habilidades que poseía; en cambio, con Andrea, el trato era exquisito, la consideraba como un ser humano especial, intentando que su aprendizaje en el mundo varonil le sirviese para hacerse una mujer fuerte y libre.

Contradictorio Arsenio. Mucho.

"La vida a veces duele,
a veces cansa, a veces hiere.
No es perfecta, no es coherente, no es fácil.
Pero a pesar de todo, la vida es bella".

PELÍCULA *LA VIDA ES BELLA*, 1977.
ROBERTO BENIGNI

3. ARSENIO Y ANDREA

Andrea asiste a la catequesis, con el consentimiento de Arsenio y el agrado de Lucía. Es la más pequeña de los niños, que ese año hacen la comunión. Andrea se lo pasa estupendamente en la catequesis: la catequista es Josefa, mujer muy católica, soltera, dedicada a arreglar la iglesia con flores y ayudar al cura en la sacristía. Dicen que está enamorada de D. Manuel, el cura del pueblo; pero nadie, ningún vecino ha visto nada, son rumores.

El cura decide el día de la comunión, un domingo de mayo, los trajes de los niños, los deben elegir los padres.

La totalidad de padres acceden a los gustos de los niños: princesas con diademas, princesas sin diademas, comandantes, marineros de alta graduación… ese día las familias del pueblo derrochan todo lo que pueden para que sus hijos estén espectaculares, sin importarles mucho la preparación o creencias en Dios.

Lucía habla con Arsenio sobre qué vestido sería el más adecuado para Andrea. Este está totalmente de acuerdo en la propuesta de Lucía: el traje que Andrea lucirá será de monja, con toga/ velo de color beis, con sandalias de las Carmelitas; como adorno llevaría una cruz de madera.

Lucía explica a Arsenio y Andrea el porqué de ir vestida de monja:

—La Primera Comunión, es recibir el cuerpo de Dios, por primera vez. Es el sacramento de la Eucaristía. Las apariencias exteriores pueden deformar un día tan importante. A partir de que tomes la primera comunión, Andrea, te podrás integrar en la iglesia para desarrollar tu fe cristiana.

Arsenio asiente lo que dice su mujer: está totalmente de acuerdo. A Andrea la idea le encanta, vestir de monja le hace mucha ilusión, jamás pensó en un vestido de princesa, su madre sí que sabe.

El día de la primera comunión amanece lloviendo, pero el tiempo no es lo importante, lo primero es la niña, arreglarla y, aunque va de monja, los preparativos son bastantes. Después, Arsenio se coloca su traje y una linda corbata. Lucía está radiante: se ha puesto un traje chaqueta muy moderno, con su velo bordado. Ya están los tres preparados.

El acto litúrgico se desarrolla como estaba planteado: hoy sí, hoy Arsenio entra a la iglesia, quiere ver a su hija, le embarga la emoción. D. Manuel, el cura, aprovecha la afluencia de público para llamar pecadores a aquellos que no acuden a misa los domingos y festivos de guardar; Arsenio se cabrea, considera que el sermón está fuera de lugar, hoy tenía que haber sido un sermón dedicado a los niños, emotivo y sensible. Arsenio no puede con los curas.

Después de la ceremonia litúrgica, todos los vecinos y familiares se saludan, aplauden el traje tan original de Andrea, aunque hay algunos comentarios al respecto, viendo lo que se han economizado los padres en el traje.

En casa de Arsenio y Lucía hay un convite especial para el abuelo paterno, la bisabuela materna, titos y titas. La comida, ya la había dejado preparada Lucía, y contaba con la ayuda de Manuela, la señora doméstica de su bisabuela. De primero: ensaladilla rusa. De segundo: cordero lechal. De postre: natillas, flan de huevo y unas docenas de pasteles del pueblo cercano, que eran una delicia. Tenían fama por su exquisitez de crema y una masa deliciosa, eran llamados petisú. Todo acompañado de vino, gaseosa y diferentes licores. Arsenio y Lucía no habían regateado nada. Andrea recibió muchos regalos: un sello/anillo con sus iniciales de nombre y apellido, dinero, una muñeca. Quizá el regalo más valioso o que le gustó mucho fue el de su tío Salvador, hermano de su madre: le regaló una cruz bizantina con cadena en plata, que llevaba esmaltado en verde a Jesucristo. Le pareció un regalo magnífico. Su tío, aunque no lo veía muy a menudo, siempre era muy espléndido con ella.

Y Félix le hizo el regalo más emotivo del día: cinco tablas enormes, una de ellas pintada de rojo, como debía ser para las normas del juego, estaban envueltas en una tela de colorines y atada con una cuerda de las alpacas.

Por la tarde, a la hora de la merienda, llegaron a casa sus amigas y amigos; Lucía había preparado una gran chocolatada con riquísimos churros, los cuales devoraron, para seguidamente jugar al escondite.

Arsenio estaba encantado con su mujer, era perfecta para organizar fiestas, era una gran cocinera y nunca se olvidaba de invitar a los que consideraba su familia, incluido Félix.

Andrea tiene 8 años, y es una campeona; monta a Sultán divinamente, con ayuda de Félix lo ensilla y sale a pasear o acompaña a su padre montado a Coraza de cacería de liebres o conejos, esto la divierte mucho, porque cuando los galgos divisan la liebre o conejo, emprenden una carrera de persecución inefable.

Es la caza de liebres con galgos una experiencia única, donde se disfruta de auténticas carreras de velocidad entre las liebres y los galgos, montados en sus caballos, trataban de seguir la carrera de perseguidores y perseguido a todo galope, viviendo situaciones diferentes, salvando obstáculos y subiéndoles la adrenalina, observando cómo puede ser de hábil y perspicaz la liebre y como el galgo, nunca se da por vencido; no tengo que decir que Arsenio, galopaba a un ritmo frenético, olvidándose que su hija le acompañaba.; Andrea siempre llegaba al objetivo, con bastantes minutos de retraso, lo primero que hacía era bajar y felicitar a los galgos y después abrazar a Sultán. Estaba exhausta, sin embargo, no se quejaba, este mundo la apasionaba, sabía que mejorar era su objetivo; admiraba a su padre porque la finalidad de la caza no era cazar muchas liebres, sino disfrutar del magnífico espectáculo, campo a través de persecución y galopada, cuando todo salía bien, volvían a casa felices y gozosos, se premiaba a los galgos a los caballos y Lucía recibía un gran abrazo.

Existía en Andrea otro sentimiento hacia su padre, de ira, decepción, furia y rabia, todo en un paquete explosivo. Cuando Arsenio se cabreaba duramente con los galgos, por considerarlos torpes, o con Coraza, por no haber galopado correctamente.

Nunca fue culpable de ninguna situación. Contrariado, volvían a casa, taciturno él, Andrea preocupada, porque sabía que su enfado alguien lo pagaría.

A Arsenio le encantaban los encierros de los pueblos cercanos y no tan cercanos: muy de madrugada, de noche, llamaba a su hija, para que preparase el caballo, junto a él, apenas sin desayunar. Andrea, más dormida que despierta, obedecía y hablaba con Sultán:

—Estas no son horas. Pórtate bien conmigo, Sultán. Tengo un poco de miedo. Confío plenamente en ti. Ayúdame a terminar el encierro.

Coraza también la oía: sabía lo difícil que era para una niña, los riesgos que su padre la sometía, pero su arrogancia, de yegua rebelde, no mostraba cariño por Andrea.

Cuando llegaban al destino, Arsenio desaparecía; Andrea observaba el panorama, preparaba a Sultán, montada sobre él, decidía lo que debía hacer.

—No te pongas al principio. Están los mejores jinetes, el riesgo es grande. No te pongas al final, los toros vienen directos, el riesgo es extremo. Debes cabalgar en la mitad, con jinetes de menos experiencia, pero con mucha más seguridad y mínimo riesgo.

Todo esto se lo decía Andrea para sí, actuando en consecuencia; el encierro transcurría y ella galopaba según sus compañeros lo hacían, ni se adelantaba ni se atrasaba; todos eran hombres de distintas edades, no ejercían ningún comentario sobre ella, era como si fuese invisible.

Años más tarde, Andrea analizaba este comportamiento como algo natural en el mundo de los hombres con los toros: no existía otra visión que realizar lo mejor posible el encierro y ser pequeño o gran protagonista de este día que iría acompañado de mil anécdotas, unas reales y otras exageradas con una buena dosis de imaginación.

Terminado el encierro, aparecía Arsenio, contento, satisfecho, recogía a su hija, alababa su buen hacer y la invitaba en un bar a un refresco y a un bocadillo de tortilla de patata.

De vuelta a casa, Andrea solo pensaba en una cosa: la cama, las siestas esos días se podían prolongar tres horas.

Andrea, cuando de mayor analizó estas situaciones, llegó a la conclusión de que su padre siempre tenía el control sobre ella en los encierros, aunque no lo percibiese: su padre sabía dónde estaba la niña en cada momento, o por lo menos eso es lo que quiere pensar Andrea.

Se organizaban corridas de toros con vaquillas en los pueblos. Arsenio iba con su hija, bajaban a la plaza, cogían su muleta y entre los dos intentaban dar capotazos a la vaquilla. Alguna vez consiguieron un buen pase, la mayoría de las veces tuvieron que correr mucho, para no ser dañados por la vaquilla.

Andrea era fiel compañera de su padre, acudía con él, a ver torear a grandes maestros del toreo: Paco Camino. Diego Puerta. El Viti. Manuel Benítez el Cordobés, Palomo Linares. Andrea disfrutaba de esa tarde de toros, donde se llevaban la merienda preparada por Lucía: una bota de vino su padre y una gaseosa para ella. Lucía en raras ocasiones iba, no le gustaba la crueldad del sacrificio de los toros. Cuando acudía eran corridas de rejoneo, le gustaba el juego acrobático que realizaban el caballo y jinete con el toro; cuando el rejoneador se disponía a matar, ella se tapa los ojos, no los volvía a abrir hasta que no retiraban el toro de la plaza.

Coraza seguía siendo un reto para Andrea, su madre la ayudaba a montarla, atada en la cuadra, su enojo era increíble, hasta Lucía se asustaba. Andrea contaba los minutos que resistía a sus lomos sin que la expulsase con un movimiento extraño (esto sucedía durante la siesta de Arsenio, para que no se enterase); día tras día era unos minutos de superación con Coraza, esta parecía que aceptaba el juego y su comportamiento iba mejorando, apreciaba el esfuerzo de Andrea.

Pasó un tiempo, en el que Andrea se sentía segura y le propuso a su padre que la acompañase para montar a la yegua. Este, sorprendido, no puso ninguna objeción, tampoco albergaba esperanzas de que fuese exitoso el plan, pero, afortunadamente, Coraza se dejó montar por Andrea, cabalgó a paso pequeño y trotó un buen trecho. Andrea no cabía en sí, lo consiguió, desconocía el futuro comportamiento de la yegua, pero la demostración a su padre fue un éxito, tampoco le contó que su madre la había ayudado a dominar el carácter irreverente de Coraza.

Al atardecer, cogió la costumbre de cabalgar con Coraza, no antes de dedicar a Sultán cariños y mimos.

Su padre decidió que la yegua estaba en una edad estupenda para procrear y cruzó a Coraza (con mucho trabajo) con un semental de buenas características; con anterioridad observó cuando estaba en celo y milímetro las 24 o 48 horas antes de finalizar para su apareamiento.

Coraza quedó embarazada, aunque no mostraba signos aparentes: su raro carácter no varió, se la sacaba a pasear y hasta el quinto mes, el veterinario no la exploró, confirmando lo que todos ya sabían: Coraza estaba embarazada.

Fueron once meses muy largos, sobre todo para Andrea, que contaba las horas, los días y los meses. Hubo que separar de cuadra e independizar a Sultán y Coraza, esta no soportaba al caballo al final del embarazo.

Una noche, a las dos de la mañana, Arsenio llamó a su hija Andrea:

—Despierta, Coraza se ha puesto de parto y no puedes perderte el nacimiento del potrillo.

Andrea, ágil y entusiasmada, se levantó, se abrigó, aunque era septiembre la noche era fría y rápidamente se dirigió a la cuadra, donde su padre ya estaba intentando calmar a Coraza, le había preparado paja limpia, esta se mostraba inquieta, movía la cola nerviosamente, se tumbaba, se levantaba, era un espectáculo doloroso. Andrea observaba cómo sufría Coraza, de repente, un líquido color amarillo rojizo inundo la cuadra, su padre hablaba sin mirarla:

—¡Ya rompió aguas!

—¡Ya viene el potrillo!

—¡Andrea! Mira, el casco del potrillo.

Arsenio hacía maniobras para ayudar a nacer al potro, su brazo se perdía en las profundidades de Coraza.

Perpleja ante los acontecimientos, a Andrea le parecía un milagro lo que se estaba produciendo; no puede recordar cuánto tiempo fue, si fueron horas, minutos o segundos, el tiempo desapareció de repente, quedó grabado en su mente, tatuado con tinta que nunca se borraría, el nacimiento de ese fantástico potrillo, que, a los cinco minutos de nacer, se puso en pie y a mamar. Coraza estaba alegre, muy alegre, pero también muy celosa, que no se acercasen demasiado a ella y a su cría.

Inmediatamente, Arsenio y Andrea le bautizaron con el nombre de Rayo, por lo fácil que fue su nacimiento y porque ambos pensaban que el nombre influye en las características de las personas y animales. Su color no estaba definido, tardaría un tiempo en ver su color de pelo. Ahora había que observarlo mucho, ver cuándo mamaba, tendría que ser cada cuarenta y cinco minutos, después tendría que dormir y su madre lamerle. Esto le contaba Arsenio a Andrea, ella entendió rápidamente que aparte de estudiar, de realizar las tareas encomendadas, tendría que cuidar de Rayo.

Había amanecido: en la cuadra estaba Coraza con su hijo Rayo, Arsenio y su hija Andrea, difícil decir quién de los cuatro era más feliz. Habían pasado muchas horas, a padre e hija se les paró el tiempo; Lucía se acercó a la cuadra y observó la tierna imagen, aunque bastante cabreada:

consideraba que su hija era muy pequeña para asistir a un parto de esta envergadura, sin embargo, con cariño, les llamó la atención para felicitarles e invitarles a desayunar. Ese día Andrea no iría a la escuela.

Pasaron cinco meses y Rayo creció, su color de pelo iba cambiando, aparecía un color castaño, con pelos rojos y negros, predominando los rojos, su color era parecido a las castañas o avellanas.

Arsenio ya había explicado en casa que, en el momento oportuno, Rayo sería vendido, que poseía un buen cuerpo, unas buenas patas y un hocico hermoso, estas características harían que Rayo se cotizase muy bien en el mercado.

—Andrea, no te encariñes con Rayo, él no se queda con nosotros, tu madre nos mataría –un caballo más, ya sabes lo que dice que lo que no produce, no puede tener cabida en esta casa y seguro que tiene razón.

Era inevitable que Andrea se encariñase con Rayo, muy juguetón, cariñoso, le presentó a Sultán ante la atenta mirada de Coraza. Sultán relinchaba de alegría, Coraza mantenía su desconfianza, pero había aceptado a Andrea, confiaba en ella.

Un día soleado, con una temperatura muy apetecible, Arsenio le dijo a su hija que era el momento de montar a Coraza e intentar destetar a Rayo. Andrea, loca de contenta, ensilló a Coraza, la cual protesto, no le dio importancia, consideró que se sentía molesta por dejar a su hijo, le habló, le susurró, irían a dar un paseo por el camino del río hasta la colina redonda (unos diez km), los acompañaría *Canela*. También se dirigió a Rayo, ya le llegaría el momento de darle un pequeño paseo.

Salieron de la cuadra sin ningún obstáculo. El portón del corral se abrió, *Canela* controlaba los movimientos de Coraza, Andrea se sentía segura, pero algo pasó de repente: en el camino pedregoso, Coraza se desbocó, no corría, volaba, no obedecía, Andrea apretaba las riendas sin ningún resultado, se agarraba a sus crines, se agarraba a sus orejas, veía que en cualquier momento la echaría al suelo, la caída sería muy grave a esa velocidad y miles de piedras, solo pensaba cómo sujetarse y cómo calmar a Coraza.

—*Canela*, *Canela* –gritaba Andrea–, haz algo, muerde su cola, intenta pararla, ayúdame.

Canela corría a la par que Coraza, quizá pensando qué era lo que había que hacer.

Cuando Coraza consideró que debía de parar (después de quince kilómetros), paró. El cuerpo de Andrea estaba situado encima de la cabeza de la yegua, temblando, asustada, no se dio cuenta del entorno que la rodeaba. Intentó tranquilizarse y pensar que, si hubiese sido hombre, quizá esto no le hubiese pasado. En este pensamiento estaba cuando captó la realidad que la rodeaba: doce o catorce hombres la rodeaban con coches, y uno de estos hombres era su padre.

—Andrea, bájate ahora mismo de la yegua, te has podido matar. La yegua se ha desbocado porque no la puedes dominar.

Gritaba y gritaba, haciéndole mil reproches.

De repente, Andrea sintió humillación por las palabras de su padre, vergüenza porque fueron dichas con muchos oyentes, inferioridad, porque pudiese tener razón, pero cuando iba a claudicar y bajarse de Coraza, pensó "Coraza está tranquila, ahora es el momento de volver con ella a casa, ya ha desfogado, se ha agotado" y con decisión, aun teniendo miedo, dijo:

—Padre, a Coraza la llevo yo a casa, no te preocupes, puedo perfectamente hacerlo.

Su padre la miró con sorpresa, los demás hombres callaron y Andrea cogió las riendas (bien sujetas), giró, susurró a Coraza que no le gastase otra mala jugada, llamó a *Canela* y, a paso lento, lentísimo, se dirigieron de donde habían partido.

Lucía, con muchas vecinas, estaba esperando acontecimientos graves, cuando la vieron aparecer, lloraban de alegría, pero con miles de reproches por ser tan atrevida, claro que a un hombre esto no le hubiese pasado.

Fue la comidilla del pueblo durante mucho tiempo: que si Arsenio no sabía educar a la niña, que Lucía consentía mucho, que la niña era muy osada y arriesgada, que continuamente estaba rozando el peligro y un largo etcétera. Por culpa de su padre, que era un inconsciente e irresponsable.

Coraza se desbocó, no por culpa de la jinete, sino porque llevaba meses en la cuadra, porque dejaba a su hijo, porque ella necesitaba correr, correr y correr, también pudo ser que Andrea no controlase las riendas, que no guardase el equilibrio apropiado, varias pudieron ser las causas, eso sí, Andrea volvió a montar a Coraza y nunca más se desbocó.

Rayo fue muy bien vendido, el potro prometía y un enamorado de los caballos pagó una importante suma por él, no tanto como Arsenio pensaba, pero no podía certificar la raza: el cruce era de caballos sin certificado de pedigrí. Su venta en la familia Torres/Rubio fue una cascada de emociones muy distintas: Lucía, una gran euforia, por la entrada de dinero y una carga menos; Arsenio, enojado consigo mismo, pensaba que el trato no había sido excepcional y echaba en falta al Rayo; y qué contar de Andrea, no había forma de consolarla, lloraba y lloraba, decía que el mundo era muy injusto, que ya no podría seguir viviendo sin Rayo, que su vida no tenía sentido, decía barbaridades, esto había sido el acontecimiento más trágico en su corta vida. Sus padres intentaban animarla, explicarle cómo la compraventa de animales estaba creada según las necesidades de las familias, que no dijese tantas tonterías.

—La vida continúa con Rayo y sin Rayo, y punto –dijo Arsenio–, ahora puedes irte a la cama sin cenar, mañana será otro día.

Se fueron todos a la cama sin cenar, era algo normal cuando algún miembro de la familia se disgustaba o enojaba, por algún motivo, el diálogo en estas ocasiones no se practicaba, se adoptaban medidas de castigo para todos; al día siguiente, sería de otra manera, se abriría un diálogo, se analizaría el malestar y si no satisfacía a algunos de los miembros, Arsenio, tomaría la palabra para decir:

—Esto se terminó. Que no vuelva a suceder. Tonterías, las justas. Lucía y Andrea, la vida no está hecha para los llorones y débiles. Cada uno a sus tareas y con buena cara. Punto.

Andrea se envalentonaba, su padre siempre tenía razón, el mundo es para los fuertes, los sentimientos tristes, los embolsa o te los comes, todos tenemos problemas y no se puede ir por la vida lloriqueando cuando existen problemas de gran envergadura.

Todo cambiaba a gran velocidad en el pequeño pueblo: lo que era antes rentable, dejaba de serlo y la innovación se imponía. Llegó "la remolacha azucarera".

La remolacha azucarera es una planta de ciclo bianual, que se cultiva para la obtención de azúcar de manera industrial. Sería la sustituta de la caña de azúcar, cuya producción ya escaseaba.

Las condiciones del terreno de Arsenio necesitaban urgentemente una reforma. Primero una perforación de un pozo con un buen caudal, para ello llevó a sus tierras a un señor de un pueblo cercano llamado Mauro, aunque todo el mundo lo llamaba "Zahorí Mauro", que con sus artilugios y cierto arte iba a encontrar el lugar exacto donde perforar para encontrar el agua. Y sería porque el señor sabio o porque el subsuelo era rico en aguas, las perforaciones siempre eran un éxito, incluido el lugar que le indicó a Arsenio donde debía perforar; nunca cobraba, era la voluntad, por supuesto después de que la perforación fuese exitosa.

Aparte de hacer el pozo con bastante profundidad, para que no faltase el agua, hubo que comprar tubería y aspersores, un motor para la programación del agua, hubo que comprar muchas cosas necesarias, y, cómo no, un nuevo tractor para la nueva plantación, aun sin saber que iba a ser rentable.

Todo ello financiado por el Banco Español de Crédito de la capital, con un interés bastante alto. Arsenio no hacía números, le servía su intuición para saber que pagaría hasta la última peseta. Lucía no dormía, las cuentas no le salían, era demasiado dinero la inversión, los ingresos no eran suficientes para pagar las deudas, sus ahorros desaparecieron rápidamente, rezaba y trabajaba mucho, aumentó su producción de quesos, conejos, huevos, estaba muy pendiente de la venta de leche de oveja, de la venta de la lana de estas, de la venta de los corderos, estaba pendiente de que entrase dinero ante las locuras de Arsenio.

Arsenio trabajaba el terreno más de lo que su cuerpo podía resistir, tenía que conseguir un terreno suelto y esponjoso que permitiese conservar la mayor parte del agua. Preparaba los surcos con esmero, cuando tuvo preparado el terreno se llevó de ayudante a su hija para colocar la tubería, unos tubos de gran longitud que se unían unos con otros, y en tramos determinados salían los aspersores. Andrea lo intentaba, no podía, era un estorbo más que una ayuda, pero su padre insistía en que tenía que estar allí para ayudarlo.

La plantación de la remolacha se efectuó con una profundidad de 1 y 1,5 centímetros cada semilla y, calculando la distancia regulada en el surco, para obtener una remolacha de calidad.

El riego, el factor influyente sobre la riqueza de la remolacha, las malas hierbas, las plagas, el abono; todo era un sin parar y rezar para que la recolección fuese un éxito.

El tractor, que Arsenio compartía con sus hermanos, era insuficiente para todas las tareas que tenían que desarrollar; pues se aumentó el crédito y se compró el tractor de moda, el tractor que reunía las mejores características del momento: un John Deere de color verde, con grandes ruedas y todos los artilugios necesarios para cubrir las necesidades de la agricultura. Siempre me llamó la atención cuando me contaban que el creador del tractor fue John Deere, herrero de profesión, que, observando las duras tareas del campo, primero mejoró el tipo de arados y después el tractor.

Para Arsenio, este tractor supuso una nueva ilusión, por un tiempo no muy largo fue su juguete preferido: hasta se olvidó de los caballos y galgos. La remolacha y el tractor eran lo más para él, así lo explicaba a su mujer y a su hija:

—Lucía, tendrías que aprender a conducir el tractor, es una maravilla, la velocidad que alcanza y muy seguro.

—Arsenio –protestaba Lucía–, jamás aprenderé, no tengo tiempo, ni ganas, bastante trabajo tengo yo. Ah, y has olvidado de ir a misa, todo el pueblo lo comenta.

—Ya vais tú y la niña. Si Dios existe, sabrá lo que es importante en este momento.

Andrea, presenciaba estas discusiones, sabiendo que su padre estaba mejor trabajando que en la puerta de la iglesia. A ella también le hubiese gustado hacer lo mismo, para ella no existía excusa, su obligación era acudir a misa, confesarse con anterioridad y comulgar el domingo. Envidiaba a los hombres, porque Dios los perdonaba, sin acudir a los actos religiosos, siempre que fuese por trabajar.

Ella seguía su ritmo frenético, estudiar, y estudiar mucho, se creó la obligación de sacar buenas notas, pensando en un futuro, gracias a ella sus padres podrían vivir con más comodidades, además no abandonaba su trabajo de ganadera y ahora agricultora, los tubos de riego y los aspersores podían con ella, tenían que cambiarlos de lugar para regar todo el terreno.

Se sentía molesta y enfadada con su padre, no le había propuesto aprender a conducir el tractor, no le dijo nada, solo que su rostro mostraba cabreo continuo. Arsenio se había dado cuenta de la situación, pero por primera vez sentía miedo, era como si él, no dominase a la perfección el tractor y albergarse cierto respeto para enseñar a su hija.

Andrea salía con su pandilla, siempre iba muy arregladita y con el pelo lleno de cerveza, porque su madre, para resaltar sus rizos, le echaba cerveza. Era delgadita, con una nariz muy chata, su color de piel no había variado, seguía morenita, morenaza, sus ojos eran verdes, que se oscurecían en los días sombríos.

Para Lucía, arreglar a su hija era un placer: sabía que era la niña más elegante de todo el pueblo, siempre según los estilismos que consideraba apropiados y que muchas ocasiones no coincidían con el gusto de Andrea; pero ella no protestaba, con impaciencia se dejaba hacer todo lo que su madre quería. Los consejos para salir eran muy distintos los de la madre que los del padre.

—Andrea, anda derecha, no saltes mucho, ten cuidado con los niños, no seas atrevida, no beses a ningún niño, no te levantes la falda, no bebas, compórtate como una señorita, que después todo son comentarios que te arruinarán la vida.

Esto y otras plegarias que siempre se repetían decía Lucía a su hija, antes de salir de casa.

—Estás guapísima, sé responsable, diviértete, lleva siempre dinero, por si te hace falta, pero no lo malgastes, vuelve a la hora que consideres oportuno para una señorita como tú. Diviértete al máximo.

Y se repetía: "Sé responsable".

Esto era lo que le decía Arsenio antes de salir de casa. Este contenido se fue repitiendo a lo largo de la vida de Andrea, tanto es así que ella, ya de mayor, de madre, repetiría el mismo discurso a sus hijos, porque le parecía un canto precioso a la responsabilidad.

Se habían terminado los domingos de caza, ahora solo existía remolacha, hasta Félix extrañaba al amo, aunque a decir verdad se entendía a las mil maravillas con Lucía y podía estar más tiempo con Andrea. Le enseñó a montar a *Trotón*, su inseparable burro, este gesto era inusual en él, ya que él jamás se montaba en su burro y, además, le sugirió que para que corriese tenía que pincharle en el culo con una aguja choricera. Esto ya era el colmo, lo que hacía Félix por su adorada Andrea: la invitaba a compartir su comida "Torreznos con Pan".

Charlaba con ella como si fuese adulta, le contaba mil historias imaginarias, también le contaba que le gustaría casarse, pero... que, seguro que no se casaría porque antes estaban las ovejas, su *Trotón*, sus perros *Zeus* y *Apolo*. Con los tiempos tan modernos, las mujeres no querían de marido a un pastor; Andrea le animaba, le contaba lo bueno que era y que a alguna mujer le gustarían los animales y tener un marido pastor, cierto es que no se lo decía convencida, porque a Félix no le veía casado.

Y llegó el día, el día tan esperado: Arsenio, tuvo que contratar al hermano de Félix, Ezequiel, para que le ayudase en el campo. Era trabajador, muy amante del vino peleón, pudiese ser que desayunase vino, este detalle le atacaba al amo; sin embargo, la tubería, el riego, quitar las malas hierbas, se le daba muy bien. Lo mejor de su carácter era que aguantaba las voces y gritos de Arsenio, como si fuesen plegarias religiosas, jamás se cabreaba, rectificaba si se había equivocado, un trago de vino y dispuesto a lo que el amo mandase.

Arsenio vio peligroso enseñarle a conducir el tractor, sin embargo, necesitaba que alguien aprendiese a conducirlo.

—Andrea, hoy, después de la escuela, te voy a enseñar cómo se conduce el tractor. Tienes que oír y entender muy bien mis explicaciones, nos iremos a la era del abuelo, estate preparada.

Qué subidón. Andrea no se lo podía imaginar, ese monstruo lo iba a poder conducir, alucinaba, no se lo contó a nadie, ni a su madre. Los nervios no la abandonaron en todo el día, hasta la hora señalada, que aumentaron considerablemente: no se veía capaz de aquella hazaña.

Llegada la hora, allí estaba en la era. Arsenio la esperaba

con su flamante tractor John Deere, color verde; para su sorpresa, su padre había conseguido un gran cojín, que haría que se sintiera cómoda y adaptada al asiento.

La gran máquina y ellos dos, la emoción era grande. Arsenio intentó ayudar a su hija a subir al tractor, lo cual ella no aceptó: ya había estudiado cómo subirse y, con alguna dificultad, se colocó a un lado del asiento del conductor, para recibir las lecciones teóricas.

Como un maestro especial se sentía Arsenio, orgulloso de explicarle a su hija lo fácil que era conducir este tractor.

—Andrea, te explico las marchas, cuando no entiendas algo, me dices, "padre, no lo entiendo" y comenzamos de nuevo. Primero, el arranque en punto muerto. Andrea, ¿me entiendes?

No, no entendía nada, pero adelante, su padre continuó.

—Mira hija, esta palanca de la derecha es la primera velocidad, se mete hacia la izda. adelante. La segunda velocidad a la izquierda. hacia ti, tercera a la derecha hacia ti, la cuarta a la derecha, hacia ti, marcha atrás a la izquierda, hacia ti. La marcha corta, llamada Tortuga, a la derecha y hacia delante. La marcha larga, llamada Liebre, a la derecha hacia ti.

A Andrea se le grabó Tortuga y Liebre, todo lo demás era un laberinto en su cabeza. Arsenio, puso en práctica lo que le había enseñado, pero ella estaba aturdida, derecha, izquierda, hacia ti, hacia delante, no podía asimilar todo eso, su padre conducía el tractor igual que la bicicleta: con una habilidad asombrosa, no podía pensar que su torpeza fuese tan grande.

Anocheció y los dos, padre e hija, se fueron a casa, su padre contento, pensaba que su hija había asimilado todo lo que le explicó. Su hija iba cabizbaja, triste e impotente, no se había enterado de nada, y lo peor es que se consideraba incapaz de que llegase el día de dirigir ese monstruo de tractor.

Lucía, rápidamente observó que llegaban juntos, que Andrea, hoy no había realizado los deberes y que la euforia de Arsenio no correspondía con la seriedad de la niña. La cena les estaba esperando, obligatorio el aseo de cara y manos para cenar, impuesto por Lucía. Hoy cenaban pescadilla. Arsenio (detestaba el pescado) siempre decía cuando la comida o cena era pescado, que ojalá se hundiesen todos los barcos: era su forma exagerada de protestar para que la comida fuese sustituida. Lucía lo sabía, pero, aunque con temor, un día a la semana se comía pescado, por su valor nutritivo, por su aporte de proteínas, vitaminas, fósforo y el magnesio, ah, y sin olvidar el yodo. Esa noche, para su sorpresa, Arsenio, no protestó: sonriente, golpeó el vaso en la mesa en tres ocasiones (significaba que deseaba le sirviese Lucía vino). Andrea, de mal humor, viendo la actitud de su padre hacia su madre, no lo podía soportar, le dijo:

—Padre, te puedes servir tú el vino, mi madre no es tu criada.

Esta noche, como estaba contento, no le contestó a la niña, guiñaba un ojo a su mujer, cariñosamente, un chantaje emocional que Lucía aceptaba encantada. Además, se comía el pescado sin ningún comentario. De postre, un trocito del delicioso flan, que Lucía había preparado para compensar el pescado.

Andrea se acostó, disgustada con su torpeza. No podía dormir, intentaba repetir lo que su padre le había enseñado, no podía, no podía reproducir nada, veía una palanca, imposible ver los movimientos de las marchas, Tortuga y Liebre, se repetía los nombres, pero no para qué servían. Fue una noche terrible, de sueños espantosos, sentía cómo iba conduciendo el tractor y la aplastaba porque volcaba, sudaba, se despertaba, se convirtió en una gran pesadilla durante la noche. El amanecer apareció, sin haber dormido dos horas seguidas. Se levantó, fue a ver el tractor, con más desesperación: sería incapaz de conducir ese monstruo. Dudaba que su padre fuese un buen maestro: era la primera vez que dudaba de él.

No sabía a quién pedir ayuda, quién podría enseñarla, no podía decirle a su padre que no se había enterado de nada, conocía a chicos de su edad que conducían los tractores, si ellos podían, ella tenía que poder. ¿Cómo? No tenía la respuesta.

Desayunó, se preparó, muy aseada para la escuela, cogió su cabás, se despidió de sus padres y se fue a la escuela, con un único pensamiento: ¿cómo podría ella aprender a conducir el tractor?

*"Como dice mi abuela,
no existe criatura más fascinante
que aquella que es capaz de crear luz por sí misma".*

EL BRILLO DE LAS LUCIÉRNAGAS, PAUL PEN

4. TORTUGA / LIEBRE

La luz no aparecía para Andrea.

El aprendizaje por la conducción del tractor se convirtió en obsesión. Intentaba que no se notase su estado anímico, un estado de ánimo depresivo (tristeza, apatía, decaimiento, falta de ilusión, ganas de llorar): tenía un sentimiento de vacío y desesperanza, intentaba disimular. Su padre no la invitó a continuar con las clases del tractor, y aumentó su desmotivación.

Un día acompañó a Félix al campo, donde llevaba a pastar a las ovejas, y le contó su tragedia. Félix no entendía muy bien el interés de la niña por conducir el tractor, él de mecánica y de aparatos de locomoción no entendía nada, y además no tenía el más mínimo interés de aprender; todo aquello que tuviese motor, no estaba en su pensamiento.

Le costaba mucho ayudar a la niña, no sabía cómo podía ayudar y le entristecía enormemente ver a Andrea tan desesperada.

Andrea se entretenía tirando piedras a *Zeus* y *Apolo*, estos rápidamente se las devolvían. Este juego con los perros la hacía olvidar su obsesión.

Félix leía una de sus novelas preferidas de vaqueros y bandoleros, cuyo autor era Marcial Lafuente Estefanía. La de ahora se titulaba *Pistolero y enterrador*, ya la había leído bastantes veces, le gustaba mucho leer y releer la misma novela, cada contenido de una hoja era desbordar su imaginación a hechos reales, le fascinaba. Se olvidaba de su mundo, se elegía protagonista de la novela, donde siempre salía victorioso. Primero estaba *Trotón*, después sus novelas: no lo conseguía, no quería leer a otro autor que no fuese Marcial, decía que ya se conocía a los personajes y que la trama, le resultaba siempre inesperada y fastuosa.

Parecía que Andrea había mejorado su estado de ánimo,

además de que lo estaba ayudando a controlar el rebaño. La llamó para compartir unos cacahuetes y un poco de agua, rápidamente se percató de que la niña seguía con la misma obsesión, pensó que a aquello habría que darle solución.

—Andrea, el que mejor sabe conducir es tu padre. He estado pensando que debes ser sincera con él y contarle que no te enteraste de nada, además todos estos vehículos tienen un manual de instrucciones. Tú sabes leer e interpretar lo que lees: estudia las instrucciones, después le dices a tu padre que quieres ir con él en el tractor y te fijas en lo que hace, con seguridad aprendes, puede que tardes un poco, pero la paciencia es una buena herramienta y con ella puedes conseguir lo que quieras. Deja ya de estar triste, ponte manos a la obra y no te olvides de estudiar: antes que conducir el tractor, debes sacar buenas notas. Ya sabes lo que piensa tu madre, yo comparto lo que ella dice: es muy importante tener conocimientos, a la gente que sabe mucho se la respeta; tu vida no tiene futuro en el campo, ni en el pueblo, tu vida estará en la capital.

Félix habló con el corazón en la mano, adoraba a Andrea, la veía muy valiente, y además la consideraba que era, junto con Lucía, de la familia: siempre compartían sus pensamientos, su compañía, los conocimientos, era su pequeña maestrilla, pero por años y experiencia, Félix sabía en qué consistía la vida, desde su punto de vista y desde el punto de vista de sus novelas.

La conversación con Félix la animó lo suficiente como para buscar las instrucciones en el cajón secreto de Lucía, donde guardaba los papeles importantes de la casa. Allí estaba el "Manual", muy gordo con muchas hojas con un índice muy grande: Chasis, motor, transmisión, dirección, ruedas y…marchas.

Su alegría no la podía exteriorizar: se llevó el manual a su dormitorio, que era sagrado. Sus padres siempre llamaban a la puerta antes de entrar, estaba segura de que encontraría solución a su problema. Continuó con sus tareas, llegó la noche y, con una linterna debajo de la sabana, para no ser descubierta, comenzó el manual, no por el principio, sino por la parte de marchas. Era genial: estaban dibujadas, ahora entendía lo que su padre le había explicado. Una vez más, aparecía la marcha "Liebre y Tortuga"; para su sorpresa aparecieron unos pedales en la parte baja del tractor, embrague, freno, acelerador. Le entró el pánico de la confusión: su padre no los había mencionado, como tampoco le había mencionado que había que arrancar el tractor con la llave de contacto, en punto muerto (sin poner velocidades) y con el freno echado.

No le había contado muchas cosas esenciales. Encontró en el manual la posición de las luces, encontró muchas más cosas, que no sabía cómo interpretarlas: el dibujo de las marchas y los pedales se le quedó grabado.

El sueño se apodero de ella, esta noche sus sueños cambiaron, aun sin saber, soñó que participaba en una carrera de tractores y era la "Ganadora"; pasado el tiempo, analizo como la mente, te puede arruinar la vida o como la mente puede darte toda la fuerza necesaria para vencer lo desconocido y minimizar los problemas que se presenten.

Gracias a Félix, que pensaba lo justo, pero era resolutivo en los momentos delicados, Andrea, vio la luz por primera vez, porque la luz existe, solo tienes que esperar a verla o que alguien te ayude; estaba preparada para hablar con su padre, ya presuponía que el objetivo lo conseguiría, antes de lo previsto.

—Padre –le dijo Andrea comiendo–, esta tarde, después de mis clases y de hacer mis tareas, me gustaría ir a la era del abuelo, que llevases el tractor, para que me enseñases a conducirlo. Creo que ahora estoy preparada.

Lucía suspiró, no estaba nada de acuerdo con lo que decía su hija; a Arsenio se le iluminó la cara, estaba esperando esta reacción hace semanas. Conocía a su hija y no se daría por vencida.

Todo lo que puede hacer un hombre lo puede hacer una mujer (bueno, casi todo): la fuerza de un hombre es mayor, pero las habilidades de una mujer son excepcionales, siempre decía lo mismo, siempre invitaba a su hija a nuevos retos, sabiendo que los superaría.

Andrea se entretuvo demasiado con sus deberes, tocaba hacer una redacción sobre los gusanos de seda y la hizo, le apasionaba el tema. Ella criaba gusanos e iba a por las hojas de morera, a un árbol de la alameda, cogía su bicicleta y llevaba para casa tantas hojas como podía. Su madre le proporcionaba la caja de zapatos con tapadera agujereada, la vivienda de sus amigos. Todos los días limpiaba la cajita y les ponía hojas frescas, para ella ver la evolución y metamorfosis de los gusanitos era como un milagro de los que contaba el cura en misa.

Sí, se había entretenido demasiado, la pasaba en muchas ocasiones, que con el entusiasmo de lo que hacía, el tiempo no lo controlaba. Le sigue pasando de mayor, no ha corregido este gran despiste de horarios.

Acelerada, pensando que su padre no estaría donde habían quedado, cogió la bici y en diez minutos estaba en la era. Observó rápidamente que Arsenio, estaba dando vueltas con el tractor, probando su destreza, se maravilló con lo que veía, la habilidad y el arte de utilizar el tractor como si fuese una muleta y estuviese toreando, no se atrevía a interrumpir el espectáculo. Su padre pronto la divisó y con una mirada la invitó a subir al tractor, veloz subió; esta vez se sentó encima de las piernas de su padre, este apagó el tractor.

—Comenzamos la lección práctica –dijo Arsenio–. Arranque, en punto muerto, ah, los pedales de...

—Lo sé papá, ya lo sé, se te había olvidado explicármelo el día de las clases teóricas.

Arsenio sonrió, puso en funcionamiento el tractor: hacia delante, hacia atrás, parado, arranque, velocidades, freno, una vez más, muchas veces, lo mismo, Andrea, se estaba enterando de todo, ya quería practicar, anocheció, su padre puso el punto final.

—Vamos para casa –sentenció Arsenio–. Tu madre nos estará esperando para cenar, no es bueno que se enfade con nosotros. Primero llegas tú y a los quince minutos entraré yo a la casa, no debe sospechar que estábamos juntos y lo que hacíamos.

Andrea cogió su bicicleta, puso la luz y más feliz que una perdiz se dirigió a la casa. No temía que su madre le riñese, se sentía liberada: hoy ya pensaba que muy pronto conduciría el tractor, lo demás lo podría soportar.

La cena estaba preparada, otra vez tocaba pescado, esta noche Arsenio apenas protestó, estaba contento. Quiso decir lo de los barcos, pero antes miró a su hija y se contuvo. Lucía estaba seria, muy seria, apenas hablaba y no preguntó por qué habían llegado tan tarde, era como si no le importase, ella tenía un problema y no sabía cuándo era el momento apropiado para contarlo. La vida laboral iba muy deprisa para pararse en pequeños detalles.

Transcurrían los días y las semanas, con el ritmo frénico de la agricultura y ganadería; Andrea seguía practicando con su padre el manejo del tractor, en ratitos, en secreto, en la era del abuelo.

Una tarde de sábado, después de haber montado a Sultán, Andrea se dispuso a bañarse y prepararse para la salida con su pandilla. Cuando estaba en estos menesteres, oyó que su padre requería, la presencia de su madre y de ella, en la cocina, estaba impaciente y su tono de voz era elevado, llamándolas por sus nombres, como si de una urgencia se tratase.

—Hoy, es un día muy especial, Lucía, Andrea. Ha llegado el momento de que tú, Lucía, presencies cómo Andrea es capaz de conducir el tractor. Ha llegado el momento, está preparada. No haremos la demostración en la era, lo haremos por el camino que lleva a la parcela. Prepárate, Andrea. Yo avisaré a Félix, para que también te vea.

Andrea se puso nerviosa, dejó todo lo que estaba haciendo, con su pelo mojado rápidamente se enfundó los pantalones de trabajo y unas zapatillas Keds (que su tita del norte le había regalado), la camiseta y un fino jersey. Lucía se quitó el delantal, se acomodó unos zapatos planos, se miró al espejo, vio su cara ojerosa, se aplicó unos polvos translúcidos, ahuecó su peinado: estaba preparada, se sentía nerviosa y preocupada.

Arsenio sacó el tractor del corral. Una vez fuera, invitó a Andrea a subirse, sentarse como protagonista de la acción; él iría a un lado, como personaje secundario. Los espectadores eran: Lucía, Félix, *Apolo*, *Zeus*, *Canela* y *Caín*, en la calle fuera del portón del corral, desde donde podían divisar el camino que la niña, realizaría. Félix sudaba, Lucía rezaba padrenuestros y avemarías, los perros esperaban órdenes, no entendían que hacían allí, parados.

El tractor parado. Andrea, con mimo, lo encendió, quitó el freno, puso la marcha correspondiente y empezó el tractor a deslizarse por el camino. Estaba segura de lo que hacía: miraba al frente, sujetaba el volante, cambiaba las marchas, la velocidad era lenta, pero ella ante todo no quería cometer errores, ni arriesgar excesivamente, era una prueba de exhibición, una vez más tenía que demostrar que podía, ella podía. Al pasar por el camino se encontró con gente del pueblo y con otros tractores, se asombraban de que la niña fuese conduciendo. Arsenio sonreía, su cara de júbilo y orgullo era la demostración de que su hija era capaz de hacer lo que hace un hombre. Dio la vuelta, incluida la marcha atrás, a las órdenes de su padre para volver de donde habían partido.

Al llegar y bajarse del tractor, Félix, rojo de excitación, le dio la enhorabuena; Lucía la besó suavemente, los perros saltaban, no por el acontecimiento, sino porque el amo y Andrea estaban allí. Arsenio guardó el tractor en el corral. No besó a su hija, le dio unas palmadas en el hombro, feliz de lo que era capaz de hacer su Andrea.

Arsenio veía normalidad en el aprendizaje de su hija, se sentía muy orgulloso de ser el maestro, aunque sus amigos y familiares le criticaban duramente. Él siempre afablemente les decía que sabía muy bien lo que hacía, que a su hija no le perjudicaba aprender cosas de hombre, y por otro lado, su hija mostraba interés por lo que él le enseñaba.

Cuando le llamaban irresponsable, insensato, arriesgado o loco, no se molestaba, siempre decía que él no se metía en las cosas de otras familias, por lo tanto, que le dejaran tranquilo.

"Todos tenemos una reserva de fuerza interior insospechada,
que surge cuando la vida, nos pone a prueba".

ISABEL ALLENDE

5. LUCÍA. ARSENIO. ANDREA.

Lucía seguía extraña, estaba preocupada por casi todo, su fuerza estaba al límite, se sentía orgullosa de su hija, pero no le gustaba el ritmo que llevaba la niña. Tendría que hablar con su marido, tendría que hablar de mil cosas que le preocupaban y no la dejaban dormir.

Adelgazó, se la notaba tensa, seguía con su trabajo diario. Se levantaba muy temprano para preparar los bidones de la leche de oveja, ya ordeñada, separar la que ella necesitaba para la fabricación de sus quesos; a Félix le había hecho cargo de dar de comer a todos los animales existentes en la casa. Arsenio desayunaba muy poquita cosa y rápidamente se iba a la remolacha; despertaba a Andrea, con el desayuno preparado, leche con Cola cao y tostadas de pan frito, la daba su tiempo para el desayuno, la animaba para que se asease, se vistiese (siempre muy limpia), ya por último era ella quien peinaba a su hija, para que los rizos permaneciesen inalterables durante todo el día. Andrea se iba sola a la escuela.

Era el momento de desayunar ella tranquila y oír la radio media hora, tenía el tiempo controlado; y vuelta a sus haceres: limpieza de casa, lavar las ropas, atender a los encargos de huevos, conejos, pollos, quesos, hacer la comida, charlar con las vecinas, lo imprescindible, ir a por el pan a la panadería e ir a comprar a la única tienda del pueblo, lo que necesitase para hacer la comida; la mañana se pasaba en un santiamén; la tarde era algo más relajada, no dormía siesta, seguía con su programación de trabajo y sacaba un tiempo para leer, le encantaba.

Las monjas donde se educó le habían inculcado el amor por los libros, en su momento de temática religiosa, ahora era ella quien a través de las titas y cuñadas elegía lo que quería o podía leer.

Entre sus libros están diversos autores y temática; *Los cipreses creen en Dios*, de José María Gironella. *La sombra de los cipreses es alargada*, de Miguel Delibes. *Los niños tontos*, de Ana María Matute. *Réquiem por un campesino español*, de Ramón J. Sender. *Matar a un ruiseñor*, de Harper Lee; libro que leía muchas veces por la temática de un niño huérfano. Lucía estaba marcada por el sufrimiento del rechazo de su padre y la actitud prepotente de la madrastra.

Tenía muchas novelas de Corín Tellado: *Dos almas recias, Si no me comprendes, Un hombre Inquietante*. Le gustaba leer intriga policíaca y su autora preferida era Agatha Christie: *Asesinato en el Orient Exprés, Diez negritos, Un cadáver en la biblioteca*.

Y como libro de cabecera La Santa Biblia, Antiguo Testamento y Nuevo Testamento. Era un libro precioso, con tapas de piel, en color verde y con letras doradas, sus hojas eran muy finas, pero resistentes. Allí guardaba Lucía las estampitas de la Virgen del Carmen y del Señor Crucificado. Este era su libro más preciado, se lo había regalado Sor Dolores, una monja que Lucía siempre tenía en mente, porque la había ayudado mucho en su educación y, según contaba Lucía, sus consejos siempre fueron certeros. Mejor le habría ido si los consejos dados por la monja los hubiese puesto en práctica.

No podía dejar pasar otro día. Sentía la obligación de hablar con Arsenio. No era fácil, no encontraba el momento oportuno; debía estar tranquila y su marido relajado, de buen humor y dispuesto a escuchar.

Consideró que había llegado el momento, eligió la tarde del domingo, su hija estaba con las amigas; Arsenio arreglándose para salir con ella a pasear. Lucía ya estaba arreglada y guapa, se sentía altiva, como un pavo real, sus fuerzas no debían flanquear.

—Arsenio, antes de salir a pasear, tengo que hablar contigo.

Solamente decir esto, ya se puso nerviosa. Pero era el momento, debía aprovecharlo.

Arsenio, sonriente, no puso ningún problema, pidió que se sentasen en el salón con dos copitas de vino dulce "Quina santa Catalina". Estaba contento, todo le iba bien además hoy, había ganado una partida de "giley", después de comer con los amigos.

Lucía se sentó enfrente de él, en un principio no se iba a tomar la copita, después pensó que un vino reconstituyente, medicinal, le vendría muy bien. El famoso vino tenía unos 13 grados de alcohol, estaba recomendado, no se sabe por quién, para niños, mayores o personas con debilidad.

—Arsenio –comenzó Lucía–, estoy embarazada.

—¿Cómo? –se extrañó Arsenio– Habíamos decidido no tener más hijos. Bueno, las medidas que hemos puesto no han debido ser las adecuadas. ¿Estás bien? ¿Cómo te encuentras? ¿Es el motivo por el que has adelgazado? ¿Te sientes contenta? No sé qué decir, será bienvenido a la casa, puede que sea un niño, te confieso que ya el sexo de lo que venga me da igual, lo que tú prefieras. Ahora, tendremos que hacer obra en la casa. ¿Lo sabe alguien? ¿Se lo has dicho a Andrea? Ahora te tienes que cuidar, no debes coger peso. A Félix tendrás que pedirle ayuda, no podemos bajar los ingresos; te tienes que cuidar, no puedes enfermar, por ti y por lo que llevas dentro.

Arsenio hablaba, hablaba. Lucía oía casi todo; había mostrado más alegría de lo esperado ante la noticia, quizá lo esperase, o quizá no fuese tan duro como quería aparentar. Él nunca había sido partidario de aumentar la familia, estaba satisfecho con su hija. Cuando Lucía le decía que un hijo solo, él contestaba que eso ya lo veíamos, para eso están los padres; por ahora llevaba razón, su hija Andrea, no mostraba signos de estar mal educada. Pero el embarazo era una realidad y el sorprendentemente estaba contento, lo que le preocupaba realmente, era que su mujer estuviese bien.

Pequeñas lágrimas brotaban en los ojos de Lucía, seguía

fuerte. Se había quedado sorprendida ante la respuesta de su marido, le falló su intuición; le preocupaba cómo plantear el tema importante: la educación de Andrea.

—Arsenio, dada la situación actual, he estado pensando sobre la educación de Andrea. Sabes que no me opongo al adiestramiento que tú le impones, sin embargo, creo que ha llegado el momento que debemos plantearnos qué es lo mejor para la niña. Me refiero a sus estudios. Hasta ahora, aquí ha podido estudiar, pero debe empezar con otro nivel si queremos que estudie una carrera universitaria. Los dos queremos lo mejor para Andrea.

Lucía continuó:

—He hablado con mi prima la monja Sor Pura. Podría empezar el próximo curso, interna en su colegio. Cada quince días, Navidad, Semana Santa y por supuesto el verano estaría con nosotros. Ya he calculado lo que nos costaría, contando con la uniformidad. Andrea sabrá adaptarse, es inteligente y ahora mismo es lo adecuado para su educación.

Lucía había dicho las dos cosas importantes que le quitaban el apetito y el sueño: el embarazo –lo que se esperaba– y la educación de Andrea –pensó que había logrado convencer a su marido, que se lo había hecho entender, el también deseaba lo mejor para su hija.

Arsenio, que raramente se quedaba sin palabras, en esta ocasión no le salían. Estaba conmocionado, no por lo planteado por su esposa, sino por esa firmeza y autoridad que había impuesto al comunicar las dos noticias.

Al hijo que esperaban lo recibirían con ilusión, el sexo era lo que menos importaba, por supuesto no quería saber nada hasta que él bebé naciese, quedaba claro que él tampoco hablaría tonterías como la experiencia del primer embarazo; el segundo tema lo había planteado sin fisuras: la educación de la niña estaba por encima de todo, le había quedado claro. En esto sí pensó interiormente: "la educación es buena para Andrea, compaginara las tareas agrícolas/ganaderas con los estudios, le queda mucho por aprender y ella puede". Este pensamiento le devolvió a la realidad: no iba a perder a su hija, tendría que ser rápido e intensificar sus propias enseñanzas.

Acordaron los dos en hablar con Andrea el lunes, por la tarde/noche. Sería en un momento apropiado. Decidieron también que fuese Lucía la portavoz.

Arregladitos los dos, salieron a disfrutar del domingo, con la promesa de Arsenio de no decir nada a los amigos. Ella tendría el mismo comportamiento: risas, algún comentario sobre la misa de la mañana, no podían faltar los chistes picantes.

Después se apartarían los hombres en un lado y las mujeres en otro, para hablar de sus cosas, muy diferenciadas: las mujeres hablarían de lo mucho que trabajaban, de alguna receta nueva, de los cortes de pelo, de la moda y del calor; Lucía soportaba muy mal el calor y para ella era un tema muy importante, llegando a pensar que si se quejaba alguien le daría solución para paliar el calor insoportable.

Los hombres hablarían de caza, de mujeres, mucho de mujeres, de cómo iba la siembra, de los nuevos tractores y de los coches; los coches ya habían hecho su aparición en el pueblo y, como todo lo innovador y desconocido, era un tema apasionante.

Arsenio estaba ansioso, impaciente, nervioso. La paciencia no era una de sus virtudes, el aparentar normalidad, delante de sus amigos le hacía sentirse traidor, porque tenía noticias interesantes que darles: había realizado un pacto de silencio con Lucía, lo debía mantener. Pero sus ojos le delataban, siempre sus ojos hablaban más de la cuenta, transmitía con su mirada el lenguaje de sus pensamientos, como él comentaba en varias ocasiones:

—Me delatan mis ojos, cuando algo no me gusta, cuando tengo que decir ciertas cosas que no debo o cuando no debo expresar alegría y los ojos me traicionan.

Hoy era uno de esos días en los que sus amigos sabían que

algo tramaba Arsenio. Los culpables, sus ojos. Sin embargo, por más que lo intentaron, él desvió la conversación a temas cotidianos, sin interés. De reojo miraba a su mujer, el embarazo aún no se le notaba, estaba preciosa, la admiraba, esto no se lo decía a ella, lo pensaba, el decírselo hubiese supuesto que Lucía se creyese superior, y eso no lo podía consentir.

Él era el hombre, aunque su mujer, por lo disciplinada, trabajadora, inteligente, conocedora de las matemáticas y el lenguaje, que no se enfadaba con nadie, que mantenía la casa como un sol, que poseía mil habilidades, bien podía haber sido "la ama". En contra tenía que no sabía ni quería montar a caballo, que no quería aprender a conducir el tractor, que no le gustaban los mercados, que detestaba a sus galgos; muchos inconvenientes para adquirir el título de "ama". Además, era mujer.

Lo que sí notaron Arsenio y Lucía es que los amigos se contenían, tanto en el corrillo de Lucía, como en el de Arsenio, les preguntaban por Andrea, que, si no les había contado nada, estaban deseoso de contar el chisme que sabían y que ignoraban Arsenio y Lucía.

Manolo, el más atrevido, decidió contar lo que sabía, hizo que se juntasen hombres y mujeres, comenzó:

—Como sabéis, tu padre, Lucía, Don Anselmo Rubio, ha comprado una televisión y ayer invitó a todos los niños del pueblo para ver un programa juvenil. Entre ellos estaba vuestra hija Andrea. Dicen el resto de los niños que el abuelo se sentó al lado de Andrea, que esta estaba supercontenta, pero que, a los pocos minutos, llegó la madrastra y la echó a la calle. Tu padre, Lucía, no dijo nada, a los niños les pareció una situación muy difícil.

—¿No os ha contado nada Andrea?

Arsenio, mirando con ternura a su mujer, mintió, dijo:

—Sí, nos lo contó, no le hemos dado importancia. La madrastra es una mala mujer y el abuelo un cobarde que está dominado por ella, aunque no justifica su comportamiento.

Nada más llegar a casa, preguntaron a Andrea por este hecho insólito. Ella confirmó lo que les habían contado a sus padres. Arsenio, emocionado y conmocionado, le preguntó a Andrea:

—¿Por qué no nos contaste nada? ¿Qué hiciste? ¿Por qué te echaron? ¿Lloraste?

Lucía, llorosa e irritada, no con su hija, sino por la situación, preguntó a Andrea:

—¿Te beso tu abuelo? ¿Te dijo algo cariñoso? ¿Se puso contento al verte?

Andrea, que sabía del sufrimiento de su madre ante la actitud de su padre y madrastra, contestó tranquila y pausada:

—No os preocupéis, el programa de la televisión no me interesaba, el abuelo fue muy cariñoso, me besó, se sentó junto a mí, creo que es lo que irritó a la madrastra, que inmediatamente me echó. Pero no os preocupéis, no lo conté para que no os enojaseis, el abuelo es bueno, mamá.

Arsenio besó dulcemente a su hija y se abrazó a su mujer. Le decía despacito que le tenía a él, y al resto de la familia, que su padre sabía que la quería, pero la madrastra la odiaba, tanto como para hacer sufrir a una niñita. Lucía lloraba desconsoladamente, no podía entender la maldad de nadie, menos aún la de la madrastra. Este tema de sufrimiento lo arrastraría siempre.

Tanto Arsenio como Lucía sintieron dolor por la niña, por tener que pasar esa situación tan desagradable, tan dura y dramática. Arsenio pensó en un montón de acciones que iba a ejecutar, para que este hecho no quedara impune; pero Lucía lo tranquilizó: no estaba dispuesta a enfrentar a su marido con la maldad de la madrastra y la pasividad de su padre.

Todo a su momento. Sentía pena y mucho cariño por su padre, que sabía que sufría; en muchas ocasiones, le pillaba observándola cuando salía a la calle, pero jamás se atrevió a decirle nada cariñoso.

Arsenio, en un acto de querer satisfacer a Lucía y minimizar los hechos ocurridos a Andrea, dijo:

—La próxima televisión que entrará en el pueblo, será la televisión de nuestra casa.

Y así fue. Zanjado el asunto.

El domingo terminó algo trágico, pero dispuestos a pasar página,

—De los dramatismos inútiles no se vive –decía Arsenio.

Llegó el lunes a las seis. Arsenio y Lucía esperaban la salida de Andrea de la escuela. Ya tenía preparada su merienda: un bocadillo de pan con chocolate, que era su preferido. Andrea, al ver a sus padres juntos y ordenarla sentarse, se impacientó: algo raro pasaba, esta situación no se había producido nunca. Lucía, tranquila y serena la dijo:

—Andrea, esperas un hermanito. Estoy embarazada. Hasta que no nazca no sabremos si será niño o niña. Es una noticia, preciosa, ya no estarás sola y podrás jugar con él o ella. Aunque haya mucha diferencia de edad, siempre tendrás con quien compartir penas y alegrías. Los hermanos son una bendición de Dios.

Andrea saltaba, gritaba, quería saber para cuándo, el día, la hora el momento, era la mejor noticia desde que tenía uso de razón, siempre soñó con tener un hermano o hermana.

Ella jugaba sola en casa, las sillas eran personajes a las que les ponía nombres humanos, y los diálogos que se producían eran de ella, que hacía doblete.

Cierto es que jamás se aburría, pero ansiaba compartir con alguien sus diversiones. Rápidamente, pensó lo que podía enseñar a su hermano o hermana: montar a caballo, hablar con sus galgos, presentarle a *Trotón*, conocer a Félix, conducir el tractor, cambiar la tubería de la remolacha, jugar al teatro con sus amigas, él o ella sería siempre él bebé en la representación que se inventasen. Iba a ser su maestra, le enseñaría a leer, a sumar, restar y dividir. A él o ella siempre la protegería, porque ella era la mayor.

—Mamá, papá, estoy contentísima. Esta noticia la he esperado toda la vida –gritaba–. Es el mejor regalo del mundo. Gracias. Gracias. Gracias. Os quiero mucho.

Lucía y Arsenio, compartían la excitación de Andrea, jamás se imaginaron la alegría y los sentimientos guardados de la niña. Por primera vez, Arsenio se sintió contento de ser padre por segunda vez.

—Andrea –añadió–, aún no se lo debes decir a nadie, ya te diremos cuándo se lo comentaremos a la familia, titas y amigas. Entonces, tendrás libertad para contárselo a tus amigas.

—Andrea, hay más noticias –continuó Lucía–. Papá y yo hemos pensado que, el próximo curso, tu educación será en el colegio donde está mi prima Sor Pura, interna, en la capital. Te iremos a ver cada quince días y podrás venir a casa en vacaciones de Navidad, Semana Santa y verano. Pensamos que es lo mejor para ti. Nosotros trabajaremos muy duro para poder pagar tus estudios y formación.

A Andrea esta noticia la dejó impactada. No podía comprender si era buena o mala, no podía asimilar, que, al nacer su hermano/a, ella se tenía que marchar, no podría seguir ayudando a su padre, dejaba todo lo que ella quería, la enviaban a un mundo desconocido.

Arsenio, al verla tan afligida, sintió un desgarro interior: era lo que más quería, su hija. Sacó fuerzas, esbozó una ligera sonrisa y le dijo:

—Mi querida Andrea, vas a conocer un mundo nuevo y mejor. Hay que aprender todos los días cosas nuevas, vas a tener muchas amigas y hasta aprenderás otro idioma. Nosotros siempre estaremos aquí, los caballos, los galgos, el tractor, Félix, todo lo que te rodea te estará esperando para cuando te den vacaciones. ¡Ah, y tengo una sorpresa! Voy a comprar un coche y antes de que te vayas aprenderás a conducirlo.

Sorpresa, sorpresa, para Lucía, que era la administradora de la economía y sabía cuántas pesetas y céntimos poseían.

"Imposible –pensó– para el coche no tenemos dinero". No se manifestó: lo dejaría para otro momento a solas con Arsenio.

A Andrea, la idea del coche la eclipsó, se le olvidó el internado, lo del nuevo hermano o hermana, todo olvidado.

Ahora solo pensaba cómo sería el coche y cuánto tiempo le llevaría aprender a conducir, era algo impensable, ella conduciendo un coche, su padre se lo había prometido. De los nervios e ilusión se le olvidó realizar los deberes, pero ya estaba Lucía pendiente, para que no se le pasase la obligación antes que la devoción.

La vida continuó con normalidad. Lucía enseñó a su hija a hacer queso con la leche seleccionada. Andrea disfrutaba mucho, antes de pasar por un lavado de manos exigente, de recogerse muy bien el pelo, de ponerse un delantal de tela y un delantal de plástico; ponerse delante de la quesera, oprimir el cuajo, ver salir el suero, dar forma al queso… era algo único. Esto le suponía mil fantasías, se veía en una fábrica inmensa con muchas mujeres (siempre mujeres), fabricando cien quesos a la vez, salándolos, dándoles vuelta y clasificándolos en tiernos, semicurados y curados, con una etiqueta que ponía: "Queso Artesanal Andrea Rubio Torres", incluyendo una silueta de su madre delante de la quesera.

Las fantasías terminaban cuando Lucía le alzaba la voz, aquí volvía a la realidad: una vez terminado el queso, venía la parte de fregar, fregarlo todo muy bien, recoger, ordenar, para que el día siguiente estuviese todo inmaculado, esto también formaba parte de la elaboración del queso.

Arsenio, que conocía los quehaceres de su hija, estaba superorgulloso. Se decía muchas cosas a sí mismo: que había sido una suerte que fuese niña, que estaba comprobado que una mujer puede hacer las mismas cosas que un hombre y le ponen una nota musical de entusiasmo, que se transforman, son capaces de pensar a gran velocidad, no pierden la feminidad, se hacen respetar, las interesa todo, son una esponja, absorben conocimiento y siempre están dispuestas a más.

Este pensamiento no incluía a su mujer. No, su mujer era de otra generación, no le interesaban las cosas de hombres, aunque hiciese que con su trabajo la economía familiar fuese bastante mejor, su mujer no formaba parte del pensamiento de Arsenio, estaba excluida. Además, su mujer era suya, el sentimiento de posesión que florecía minuto a minuto, día tras día.

Él era así, contradictorio. Había mejorado mucho su pensamiento varonil, con los amigos defendía los valores de las mujeres, no todas, esencialmente los de su hija.

Era gracioso. En sus interlocuciones, consideraba que fue un acierto tener una hija, se enorgullecía de colaborar, enseñar intensamente para la no discriminación de la mujer. Sus palabras traicionaban a menudo al afable Arsenio, porque no generalizaba: quien no tenía que ser discriminada era su hija, su hija, su hija, su hija, no eran todas las mujeres. Por más que lo intentaba, no conseguía ver a todas las mujeres iguales o semejantes a los hombres, lo intentaba, se esforzaba.

La remolacha iba creciendo según lo esperado, aparecían las hojitas teñidas de verde, de forma ovada y curvadas, se organizan en rosetas.

Todo un esplendor de campo, las plagas estaban controladas y no aparecía una mala hierba en el campo. Cuando fuese la época de la recolección, estas hojas serían pasto de las ovejas. Así se ponían las ovejas de lustrosas, dando un rendimiento extra en la leche. Quien iba a pensar en que las hojas fuesen tan beneficiosas. Por aquel entonces, lo que aseguraba una buena cosecha y lo que daba valor a la recolección era esa raíz de color amarillo verdoso o blanquecinas rosadas, esa raíz de remolacha azucarera, que mejoraría la economía de muchas familias agricultoras.

Todo funcionaba armoniosamente en la familia Torres Rubio: los imprevistos eran originados por Arsenio, siempre estaba impaciente, en alcanzar nuevos retos. Su mujer Lucía diría "Los Caprichos de Arsenio", él veía la novedad y cómo sacar rendimiento cuando invertía, aparte de ser atrevido, la paciencia, no era su virtud, no la practicaba, no ejercitaba la reflexión compartida, a priori, era conocedor de las pegas que iba a poner Lucía cuando le contase que debería invertir en… lo que fuese, siempre le regañaba, por lo que decía actuar sin su consentimiento.

Ya estaba Lucía de seis meses, y con un embarazo bastante regular: náuseas y vómitos se habían apoderado de ella, pero… todo era normal, según D. Ernesto, el médico.

Arsenio veía normalidad en el embarazo, su mujer no se quejaba, seguía trabajando, y es que Lucía poseía la capacidad de hacer frente a las adversidades de la vida, transformaba su malestar en fuerza para superarse y salir fortalecida, desde muy pequeña aprendió a tenerse que valerse por ella misma.

"La fuerza no viene de la capacidad corporal, sino de la voluntad del alma".

GANDHI

6. FASCINACIÓN / EMOCIÓN

Sin motivo aparente, sin explicaciones, como todo estaba bien, según el criterio de Arsenio, programó un viaje en la ciudad, con su señora e hija.

—Nos vamos a la capital, os invito a comer, quiero daros una sorpresa. No la desvelaré, no insistáis, poneos guapas. Cogeremos el autobús a las diez de mañana.

Era una orden. Madre e hija organizaron todo: se lavaron el pelo y prepararon sus mejores ropas. Estaban intrigadas por la sorpresa, no hicieron ninguna pregunta, tampoco protestaron, habían oído y visto que Arsenio estaba feliz, contento, alegre, la sorpresa tenía que ser muy buena.

Dudaban de si era buena para él o para toda la familia, por la alegría manifiesta y pidiéndoles que se pusieran guapas, madre e hija pensaron que la sorpresa era para todos y que sería muy agradable.

Tardaron como dos horas y quince minutos en llegar a la capital. El autobús paraba en todos los pueblos. El viaje a Lucía se le hacía muy pesado, estaba mareada; Andrea, por el contrario, estaba radiante por la sorpresa, por el viaje, porque hoy no iba a la escuela, porque iba a comer en un restaurante. Estaba supercontenta, no le importaba el tiempo en llegar, lo que le importaba era llegar a la ciudad. Su madre le había idealizado la ciudad, por lo que ir siempre le producía alegría, aunque cuando estaba en ella se acordase de su pueblo.

Y llegaron. En la misma estación, en un bar, Arsenio pidió una manzanilla para Lucía, que debía reponerse. Para ellos no pidió nada, tenían prisa. Lucía se tomó su infusión hirviendo (no era de extrañar, le gustaba todo muy, muy caliente).

Arsenio pidió un taxi, indicó la dirección al taxista y en quince minutos estaban en el lugar que Arsenio había indicado.

¿Cuál era ese lugar? Pues nada menos que un concesionario de coches de la casa Renault.

Lucía se impresionó: aunque sabía e intuía que pronto Arsenio se compraría un coche, no se imaginaba que fuese tan pronto. Andrea enloqueció de repente, era una realidad, su padre iba a comprar un coche.

Arsenio había mirado, pensado y decidido todo; había hablado con el director del Banco, con el responsable del concesionario, sabía qué modelo era el suyo. Veinte días antes, sin contar con Lucía, había gestionado la compra del coche y la matriculación de este. El asistir con Lucía y Andrea era para darles una sorpresa, sin opinión sobre la compra, el modelo, el color, todo estaba decidido. No lo había consultado porque sabía que Lucía le pondría pegas en cuanto al dinero y el resto de las decisiones. Sobre el color, había elegido el que a su mujer le gustaba, blanco; y en el modelo había optado por el que cubría sus necesidades. Silverio, el señor del concesionario, trajeado con corbata de rayas azul y amarilla, no dejaba de sonreír, era como si estuviese anunciando una pasta dentífrica. Su amabilidad resultaba abrumadora, con una rapidez inusual regaló a Andrea una caja de pinturas de madera de la marca Marino y una libreta para que pintase. A Lucía la obsequió con un perfume de Myrurgia y una barra de labios. Lucía no estaba sorprendida, estaba enfadada, sospechaba todo lo que iba a venir, conocía a su marido, conocía los impulsos de sus deseos, y no era normal que el Silverio fuese tan espléndido a cambio de nada, y ella no se equivocaba; después de un paseíto por el concesionario, apareció el coche cuyo propietario iba a ser Arsenio.

Un flamante Renault 4, (conocido popularmente como el "Cuatro-ele", "Cuatro-latas") de color blanco, cuatro puertas más maletero, asientos abatibles. El coche perfecto para moverse por entornos rurales. La guardia civil y la policía francesa y algún que otro cuerpo de Seguridad, elegían este tipo de coche en su flota de coches, por su polivalencia de uso.

El señor Silverio explicó las bondades de la nueva adquisición, al tiempo que comentaba las características del utilitario. Andrea, fascinada, no pestañeaba, absorbía como una esponja lo que el Sr. Silverio decía. Su emoción no la distraía, todo lo contrario, estaba muy atenta. Combustible, seguro de puertas, luces, puerta trasera y ahora lo más importante, las marchas.

La palanca de cambios o marchas salía directamente del salpicadero y el número de marchas era de 4, y la marcha atrás.

—1ª Hacia delante, girando hacia la derecha.

—2ª Hacia atrás girando hacia la derecha.

—3ª Hacia delante centrada.

—4ª Hacia atrás centrada.

—R. Marcha atrás. Poniendo la palanca en la R.

Observaciones: el freno de mano, no utilizarlo para frenar, utilizar el pedal, el freno de mano solamente frenaba las ruedas delanteras.

Firma de los últimos documentos, que reflejaban el pago a plazos del utilitario.

Un empleado sacó el coche a la calle. Arsenio loco, loquísimo de alegría, mandó sentarse en los asientos de atrás a Lucía (precaución por el embarazo) y de copiloto a su hija Andrea.

Puso el coche en marcha, dirección al restaurante, donde hace años celebraron el banquete de bodas. Iba muy despacio, el coche de vez en cuando daba trompicones, para susto de madre e hija. Los coches que le seguían le pitaban continuamente, algo que no alteraba a Arsenio. Al fin llegaron al restaurante. Le costó aparcar, fueron muchos los intentos, sudaba, resoplaba, pero lo logró, ante la desconfianza de su mujer e hija.

Lucía no podía mostrar su ira. Arsenio era un niño con cuerpo de hombre, quería estar contenta, pero no podía, pensaba en cómo se iba a pagar el coche, qué necesidad había ahora, su hija era lo primero, tenía que ir a estudiar a un colegio, que costaba bastante dinero, y si se malograba la remolacha y si las ovejas enfermaban y el nacimiento de su segundo hijo, y si… la cabeza no para de darle vueltas, todo era negativo. De repente, pensó: ¡Basta! Tengo que disfrutar del presente y lo voy a hacer.

Se sentaron en la mesa que el maître les indicó.

Los tres pidieron lo mismo. De primero, una rica sopa de marisco. De segundo, lechazo asado estilo castellano y de postre tarta Roma, especialidad de la casa. Arsenio se bebió dos copitas del rico vino de la zona, Lucía agua y Andrea un refresco de naranja.

No fue tema de conversación el coche, el tema fue recordar cuando se casaron, su banquete y la noche de bodas, que la pasaron en el mismo Hotel donde estaba el Restaurante.

Andrea disfrutó de la comida y de los relatos que sus padres contaban. Se les veía felices, ella compartía esa felicidad, aunque de su mente no se le borraba el bonito coche que su padre había adquirido y que ella estaba dispuesta a conducir, eso sí, cuando la enseñasen. Ella era atrevida, pero, aunque parezca una contradicción, también era prudente, el momento oportuno llegaría.

 Su padre era una caja de sorpresas, nunca la dejaba indiferente, elegía los tiempos, los momentos oportunos, para añadir ingredientes de vitalidad a la vida, aunque en ocasiones se produjesen enfrentamientos con su madre, que era práctica, cauta y conservadora.

Arsenio pagó la cuenta, preguntó a Lucía que si necesitaba ir de compras. Ella ya había dispuesto ir de compras con su hija, llevaba su propio dinero. Arsenio les dijo:

—Os doy una hora para comprar, yo mientras tanto me tomaré un café y me fumaré un puro en la cafetería Central de la Plaza Mayor, allí os espero.

No habló, dio a Lucía unos billetes, sin saber si sería suficiente, tampoco se interesó por lo que iban a comprar, eso son cosas de mujeres.

Madre e hija partieron sabiendo que tenían el tiempo justo para comprar el listado que llevaba Lucía.

Primero, ropita especial para el bebé esperado; después un vestido de cuadritos rojos muy afrancesado, acompañado de una rebeca de punto a juego para Andrea. Ella hubiese preferido un conjunto con pantalón, pero su madre le comentó que no era adecuado y tenía que ser elegante, por lo que no protestó. Sí indicó cuál era el vestido que le gustaba, que no coincidía con el gusto de su madre, pero… Lucía lo aceptó. Por último, Lucía se compró una tela muy bonita, para hacerse un traje de chaqueta, después del parto, y un bata guatiné en color celeste.

Llegaron al punto de encuentro veinte minutos más tarde, Arsenio tranquilo, aun con el puro a medio encender, las ayudó a coger los paquetes y se pusieron rumbo al coche. En cinco minutos estaban en su coche. Lo primero que hizo Arsenio fue abrir el maletero, para meter todos los paquetes y contar las excelencias del maletero del coche. Eso le llevó unos quince minutos, porque lo que no sabía se lo inventaba.

Se sentaron igual que la primera vez y, camino al pueblo, no tuvo dificultades para salir de la capital, en carretera hacia cosas un tanto raras, aceleraba mucho o dejaba el coche a paso de tortuga. Tuvo la valentía de adelantar un camión, eso sí, madre e hija, se taparon los ojos con las dos manos.

Llegaron al pueblo, no recuerdan cuando tardaron, pero mucho, eso sí, menos que el autobús de la mañana. Entró tocando el claxon, los vecinos salían de sus casas para ver el coche, Félix y Ezequiel, con todos los perrunos, les esperaban en el portón, sorprendidos de que su amo hubiese sido tan valiente de conducir el coche desde la ciudad al pueblo.

Al día siguiente la vida adquiría la rutina de siempre, bueno no, la rutina de siempre para Lucía, Andrea, Félix y Ezequiel; para Arsenio era un día especial de enseñar el coche a sus vecinos varones y explicarles las maravillas de este, además de comentarles la velocidad que alcanzó por carretera, todo esto acompañado de una botella de vino peleón al que él invitaba, ante el gran acontecimiento.

Los acontecimientos, las celebraciones, las distintas alegrías, originadas por lo material, suelen durar un tiempo, poco. La vida diaria exige dedicarte a tus obligaciones; y así pasó en la Familia Torres Rubio. Cada miembro, se dedicó a las obligaciones y responsabilidades que le correspondían.

Arsenio, con los pies ya en la tierra, se dedicó en cuerpo y alma a la agricultura, a su remolacha, a controlar la ganadería, a pensar cómo podían aumentar los ingresos, aunque esto supusiese un aumento de trabajo, y decidió comprar dos vacas, que serían productivas, darían leche. Las atendería Félix, serían una fuente de ingresos.

—Otro gasto, sin saber la rentabilidad –protestó Lucía.

Pero reaccionó rápido, con una rapidez inusual, pensó que la idea era buena. La leche de oveja se pagaba muy bien, la de vaca no tanto, pero… si podía mezclar la leche de vaca con la de oveja, sí sería rentable la compra de las dos vacas. No era muy legal, pero ella sabía que había ganaderos que bautizaban con agua la leche de oveja, y eso era mucho peor.

Ya solo quedaba ir el sábado al mercado a comprar las vacas. Faltaba un pequeño detalle: comunicar a Félix que su trabajo aumentaba. Arsenio decidió que fuese Lucía quien se lo explicase, su relación era fluida, nunca la negaba lo que ella le pedía.

Lucía, con mucha ternura, se lo explicó a Félix. A este no le gustó nada la idea, nada de nada; a él le gustaban las ovejas, sus perros, *Zeus* y *Apolo*, por supuesto su burro *Trotón*, que, para no molestarle y mimarle, rara vez se subía en él. No, no le gustó la idea, se enfadó, además consideró que su Amo era un cobarde por enviar a Lucía con el comunicado, a Lucía la quería mucho y la respetaba y nunca quería que sufriese, la veneraba, por lo trabajadora, guapa y lista que era.

Lucía vio el rostro de no agrado de la nueva tarea, pensó rápidamente cómo gratificar este esfuerzo, se le ocurrió una idea:

—Félix, qué te parece si, en lugar de traerte el desayuno, comida y cena de tu casa, te lo preparo yo y así puedes comer caliente todos los días.

La emoción de Félix sobrepasaba los límites conocidos, besaba las manos de Lucía y aceptaba muy gustoso el trabajo derivado de las vacas. El hecho de que le tratasen familiarmente era mejor que cuidar de las vacas, ya que el tiempo que dedicase a ellas se lo quitaría a las ovejas, pero ser uno más en las comidas era algo impensable, era lo mejor que le había pasado en la vida.

Todo solucionado. Arsenio sabía perfectamente cómo jugar las cartas para que el resultado fuese satisfactorio.

Andrea oyó todo esto comiendo, pensó que era abusar de Félix, le intentaría ayudar, pero también se alegró mucho de la decisión de su madre, siempre le veía comer pan con tocino y uvas, siempre llevaba castañas cuando eran su época y cuando pasaba la época las castañas eran pilongas, que en muchas ocasiones compartía con ella.

Arsenio raramente se ponía enfermo, tenía pánico al dentista, pero iba a sus revisiones porque detestaba tener la dentadura mal o que fuese un diente o una muela lo que le ocasionase un dolor terrible. Según contaban, los que lo padecían por ese motivo, con la familia insistía continuamente en que se cuidasen los dientes. A Félix le reñía, por sus hábitos de forzar su dentadura, utilizándola como herramienta y comiendo castañas pilongas duras a rabiar. El día que Félix fue obligado a visitar al dentista, su hermano Ezequiel, se hacía cargo del trabajo, bajo la supervisión de Arsenio, hasta que Félix volvía, siempre aterrado, porque el dentista le daba mucho miedo, no hablaba en dos días, si le preguntaban que si tenía dolor, negaba con la cabeza, pero quedaba traumatizado las horas siguientes, consideraba que, si no hablaba, tardaría en ir a revisión, porque le entenderían el pánico que le suponía ir al "sacamuelas", como él le llamaba.

La barriguita de Lucía iba en aumento. Esto no le impedía ir preparando la ropa del colegio de Andrea. Tenía que estar marcada con nombre y apellidos, de forma visible, los uniformes azules forma pichi tableados, las camisas, las rebecas, los leotardos y calcetines, la ropa interior, el equipo de deporte, los babis (aquí eran obligatorios) de cuadritos azules. La niña necesitaba un ajuar completo para su internado, y poco a poco Lucía iba preparando todo sin olvidarse de su próximo bebé y su canastilla ya preparada. Habían pasado diez años desde su primera hija, y tuvo que preparar todo nuevo, además los meses de nacimiento eran muy extremos, por eso la ropita del bebé era nueva, hasta los juegos de sabanas los bordó para el futuro bebé. Un sinfín de ropita en colores diversos, eligiendo colorido neutro, para no cometer la equivocación del primer embarazo.

Arsenio continuaba su ritmo, pidiendo ayuda continuamente a Andrea, ella encantada. Siempre que podía estaba disponible para su padre. Además, la fascinación por el coche no le restaba emoción, sabía que pronto su padre le enseñaría a conducirlo, a ella fuerza y voluntad no le iban a faltar, casi, casi había memorizado cómo conducir, pero tenía que esperar, esperar sin agobiar a su padre, este buscaría el momento apropiado o la justificación oportuna para enseñarle lo que tanto desea.

Arsenio sabía que pronto Andrea se marcharía al internado, tenía planeado todo, su hija aprendería a conducir antes de lo que ella pensaba.

Un domingo, después de comer, Arsenio convocó a Lucía y Andrea en la era de su padre. Motivo: que las dos aprendiesen a conducir el coche.

Arsenio había reflexionado mucho sobre cómo las mujeres

debían de incorporarse al mundo de la locomoción y no depender de otros, para trasladarse de un lugar a otro. Sabía que, a su mujer, tendría que motivarla especialmente, no le gustaban los vehículos, por más que Arsenio le contaba las ventajas y la libertad que te proporciona un coche, además, siempre decía: "el saber no ocupa lugar".

A Lucía, con su tripa, le era imposible sentarse en el asiento, por lo que la primera fue Andrea. Le adelantó el asiento, puso un cojín para subir la posición de ella hacia el volante. Arsenio comenzó las clases teóricas, iba tan deprisa que mujer e hija le dijeron que se calmase, que no podían entender nada a esa velocidad de enseñanza. Arsenio, que se lo sabía cómo el padrenuestro que Lucía rezaba, entendió que debía ser un buen profesor y comenzó lentamente por el principio, señalando junto con la teoría para qué servía cada botón, palanca o espejo. Una vez explicado, ordenó a Andrea girar la llave de contacto en punto muerto, quitar el freno de mano y poner el coche en marcha, con la primera y rápidamente la segunda. Su emoción estaba acelerada, era más fácil que el tractor, girar lo debía realizar suavemente, su padre alterado porque la veía muy decidida, gritaba pidiéndole calma y tranquilidad. Lucía observaba aterrada, pensaba en lo irresponsable que era su marido y lo atrevida que era su hija, pero era cierta su precisión en el manejo del coche.

Esa fue su primera clase práctica, no recuerda cuántas clases tuvo, cree que muy pocas. Pronto Arsenio dio por bueno el aprendizaje de su hija y le ordenaba que fuese con el coche a buscarle a la finca o que se diese una vuelta pequeña por el pueblo. Andrea, encantada, las órdenes las ejecutaba al segundo, con una condición: que no podía sacar ni meter el coche en la cochera, para esto aún no estaba preparada y lo podía raspar, arañar o destrozar, según su padre.

Conducir un coche era un sueño, según Félix, era su sueño, aunque no se veía capacitado para memorizar todo lo que había que hacer, para trasladar un coche; a partir de ahora, pedía que Andrea le diese clases, empezando por lo elemental y repitiéndoselo muchas veces. Andrea, con una paciencia infinita, se lo explicaba hasta le realizaba los dibujos, motivándole a que él podría conducir, que realizaba tareas que mucha gente ignoraba y que les sería difícil aprender, como por ejemplo ordeñar. Era todo lo que necesitaba el buenazo de Félix, entonces era cuando valoraba lo importante que él era, porque ordeñar no era nada fácil, había gente que lo había intentado y no sacaba una gota de leche de las ubres de las ovejas o de las vacas. El curso escolar tocaba su fin, Andrea se despediría de la escuela de su maestra, de sus compañeras y amigas.

Su vida cambiaría radicalmente. Ella se sentía muy bien, siempre la atrajo lo desconocido lo misterioso por descubrir, solo de pensar que iba a compartir, comidas, dormitorio, juegos, clases con más niñas le parecía magnífico. Siempre tendría en su mente las palabras, que continuamente le repetía su padre:

—Andrea, sé prudente, ya sabes que yo no lo soy y esto me ha acarreado muchos disgustos. Observa todo antes de actuar, es un método de sabiduría que nunca falla y demuestra tus conocimientos y destrezas en los momentos oportunos. No vayas de sobrada, que los sobraos, como yo, no vemos la piedra y caemos muchas veces, bueno también tenemos la capacidad de volver a intentarlo. Tú eres graciosa, aguda y con talento, sé cómo hasta ahora, responsable, constante y lo más importante, luchadora. No digas "No" rápidamente, piensa, date tu tiempo y con seguridad, aquello que te proponen o te propones será un éxito. Que no te quede duda que las cosas hechas con empuje y pasión cuestan menos. No te desanimes nunca. Y que sepas que todo aquello que puede hacer un hombre, lo puedes hacer tú, bueno todo, todo, tampoco, los hombres tenemos más fuerza, pero las mujeres sois habilidosas para resolver problemas y situaciones inesperadas.

Así era Arsenio, valoraba a su mujer, pero... no creía que ella pudiese asemejarse a la valentía y destreza de un hombre; por el contrario, en su hija Andrea, veía todas las cualidades del varón triplicadas, se decía a sí mismo que aparte de saber hacer lo que un varón, era mujer, se comportaba como tal, sin perder su feminidad y pronto tendría conocimientos intelectuales, proporcionados por la enseñanza y la educación.

Cómo había cambiado Arsenio, ya ni se acordaba cuando deseaba tener un hijo, y... fue una hija, se le olvidó muy pronto.

Supo desde el primer momento que la naturaleza era caprichosa, no le iba a quitar la opción de educar a su hija en un mundo varonil, su hija, que aceptó con agrado ese tipo de educación y que se enorgullecía de un padre tan avanzado y moderno, que no oía, no escuchaba las críticas de los necios hacia su padre. Le consideraban un irresponsable, un caprichoso, y un loco al querer o pretender igual a su hija a lo que hacen los hombres. Necios. Esta intensa aversión por los necios, la heredaría su hija Andrea.

Llegó el día, el día en el que las contracciones aparecieron en el vientre de Lucía. Rápidamente llamó a su tía, en casa estaba todo preparado para el nacimiento del bebé.

Lucía ordenó a Andrea que se fuese a casa de los tíos, para que no pudiese presenciar sus gritos en la hora de la expulsión. Arsenio estaba preparado para ir a buscar a D. Ernesto cuando ordenase Lucía, no se mostraba nervioso como la primera vez. Él ya había preparado el anís, aunque el calor apretaba, sabía que las costumbres de D. Ernesto no cambiaban. Arsenio se había prometido a sí mismo, desde el principio del embarazo, en no pensar en el sexo del bebé, si era varón, saltaría de alegría, si era hembra, asumiría lo que el destino le ofrecía.

Todo fue muy rápido, y, repitiendo los pasos del primer parto, Lucía se portó de escándalo, obedeció las órdenes de su médico y expulsó al bebé en muy poco tiempo. D. Ernesto comprobó el sexo del recién nacido.

—Lucía, Arsenio, otra vez una niña, esta es más guapa y gordita que la primera. A criarla con salud. Y lo importante: está perfectamente.

Se tomó su palomilla (anís rebajado con agua), cobró sus pesetas y le dijo a Arsenio que lo llevase a su casa.

Así fue como Inés vino al mundo. Su nombre fue una idea de la tía monja. Según su origen griego, significa "pura y casta". El nombre era novedoso y su significado le gustó a Lucía. Arsenio no participó en la elección del nombre, asumió que ese era el adecuado.

Fue a por Andrea, y, en el camino, fue contándole lo bonita y gordita que era su hermana, que tenía de todo: dedos, orejas… de todo, que estaba completa, que nació llorando, porque nació con mucha hambre. Andrea ardía en deseos de conocer a su hermanita y de ver a su mamá.

Cuando vio esa cosita tan pequeñita saltó de alegría, se abrazaba a su madre, quería coger a su hermanita, era feliz, muy feliz, algo increíble tener una hermanita tan guapa, tan muñequita. El nombre le gustó mucho. Le habían contado la historia de Santa Inés, negándose a comprometerse con el hijo del alcalde de Roma a muy temprana edad, según ella estaba comprometida a Cristo. Desde ese momento, la someten a todo tipo de martirios, la amenazaron con llamas para que renunciase a su religión, pero ella no temía a las llamas, entonces la condenan a morir degollada a los trece años. Esta historia había impresionado a Andrea, cuando se la contó la catequista, desde entonces tenía devoción a Santa Inés, por lo valiente que había sido siendo tan joven.

Los vecinos felicitaron a Arsenio con sorna e ironía, y mucho cachondeo:

—Arsenio, se te resiste el niño. Bueno, a por el tercero, seguro que lo consigues.

Este tipo de comentarios le irritaban, aunque no lo demostrase, siempre decía que la recién nacida y su mujer se encontraban estupendamente, no decía que la recién nacida se pasaba las noches llorando, esto sí que le desesperaba. Tendrían que consultar con D. Ernesto.

Lucía sabía, presentía, cuál era el llanto de su hija Inés: hambre, era hambre, no tenía leche suficiente para alimentar a su hija. Decidió sin consultar con nadie darle un biberón de leche de vaca hervida muy rebajada con agua. Y resultó que la niña ya no lloraba, la niña solo gemía cuando estaba sucia o tenía hambre. Arsenio admiraba la sabiduría de su mujer, él con los animales siempre tenía respuesta cuando se sentían mal, pero para los humanos se bloqueaba, se angustiaba, no sabía buscar soluciones...

El verano continuó, muy movido a consecuencia del trabajo, tanto de Arsenio como de Lucía. Andrea ayudaba en todo, lo que le solicitaban.

Y llegó septiembre, comienzos del mes. Andrea, partió a lo que iba a ser su segundo hogar: El Colegio.

"La mariposa recordará por siempre que fue gusano".

MARIO BENEDETTI

7. UNA TRANSCENDENTE SEPARACIÓN

Arsenio, acompañado de Lucía, la pequeña Inés, Andrea y un gran equipaje en el maletero, se dirigió a la ciudad, para llevar a su hija al internado como estaba planificado. Todos en el coche iban en silencio, solo de vez en cuando se oía un sonidito que emitía Inés.

Arsenio conducía con dolor. Tenía angustia: sabía que era lo mejor para su hija, aun así, el desprenderse de ella le costaba mucho, mucho. Arsenio nunca pudo llorar, se ahogaba, le resbalaban dos lágrimas por sus mejillas y ese era su llanto, acompañado de una tos irritante, que le producía ahogo.

Antes de entrar en la ciudad, las lágrimas resbalaron y la tos hizo su aparición. Lucía callaba, también sentía dolor de dejar a su hija, pero sabía que todo sacrificio tendría recompensa. Además, su hija terminaría unos estudios, lo que a ella le fue prohibido. Se consolaba viendo el futuro de su hija.

—Papá –dijo Andrea–, no te preocupes por mí, sé que voy a estar bien, os echaré menos a vosotros, a los caballos, a Félix, al tractor y al coche. Echaré de menos a mi hermanita, pero conoceré otras cosas, que estoy convencida de que me van a gustar. Tú mismo me has dicho mil veces que viva cada momento de mi vida como si fuese el último. Vive el momento, me lo has repetido hasta la saciedad.

Arsenio la miró y no pudo por menos de reír, esta chiquilla era muy madura, valiente, responsable y testaruda, no se le olvidaba nada de lo que le contaba para motivarla y animarla, era él y solo él, el que se sentía evitativo, por el miedo o la baja tolerancia al cambio que se iba a producir en su hija. Y eran los vacíos que su hija dejaba en él, se habría creado una simbiosis, tan perfecta, que Arsenio sufría desgarro emocional al separarse de ella.

El Colegio era grande, muy grande, de piedra la fachada, con un gran portón por el que se accedía a una sala de espera, llena de cuadros de temas religiosos, un pequeño sofá, cuatro sillas tapizadas en terciopelo verde, una mesa de madera de nogal grande y un crucifijo enorme en la pared principal. Aunque disponía de un ventanal, el lugar era tétrico, oscuro, olía a muy antiguo o pudiese ser que oliese a humedad, era un olor sin definir. Allí les recibió sor Fernanda, directora del Centro y profesora de música. Una monja guapa y joven, fue cariñosa, explicó dirigiéndose a los padres las normas del Colegio y la organización de clases, comidas, recreos y salidas con permiso del padre. Seguidamente, enseñó a toda la familia las dependencias, comenzando por la capilla. Todos los días se oía misa después del desayuno, los domingos la misa era a las 12h. Visitaron los dormitorios: eran corridos de veinte camas, sin separación de intimidad, diez en una fila y en frente las otras diez. Existían otros dormitorios, para cuatro alumnos en literas, que se adjudicaban a los alumnos mayores. Vieron el comedor, grande, distribuido en mesas con seis sillas, un jardín, un patio espléndido con canchas de baloncesto y redes para el voleibol. Según Sor Fernanda, eran campeonas en este juego que Andrea y sus padres desconocían.

Ya solo quedaba la despedida. Andrea se quedaba, sus papás y su hermanita se marchaban. Fue emotivo, pero no trágico: abrazos, los últimos consejos, que aprovechase al máximo, que ellos harían un esfuerzo económico, pero ella tenía que darlo todo, que se portase con educación y amabilidad, que lo que no supiese lo preguntase, que observase y sobre todo que no diese la nota, por si la expulsaban.

Y se fueron. Ella, según las órdenes, colocó su ropa en el armario que le dijeron, seguidamente acudió al comedor. La orientación de Andrea nunca fue su cualidad más apreciada, se perdió, no encontraba el comedor, fueron unas alumnas mayores quienes le preguntaron a dónde iba y si era la nueva. En poco tiempo la llevaron al comedor, observó cómo las demás niñas se sentaban en su mesa. Ella no sabía dónde sentarse, fueron unos minutos tensos, el no saber qué hacer. Pronto se acercó Sor Catalina, preguntó por su nombre y le indicó la mesa y silla donde siempre tendría que sentarse.

Jamás olvidaría ese día: las caras de sus compañeras, lo que comió, el silencio que reinaba en el comedor, los ascos que sus compañeras hacían de la comida por lo bajito y ella no lo entendía, estaba todo riquísimo. Lentejas, una pequeña ensalada, un trocito de pescado y una naranja. Una naranja que le dio un disgusto: comenzó a pelarla con su cuchillo, rápidamente estaba allí Sor Catalina, para regañarla cariñosamente porque la naranja se pelaba con cuchillo y tenedor. Le hizo una pequeña demostración, no fue suficiente.

Andrea se conformó con tomarse un poquito de naranja; el resto, lo desperdició. Era una técnica complicada, por más que lo intentó no lo consiguió, primero le entró la negatividad, que ella no sería capaz de pelar una naranja con cuchillo y tenedor. Después, observando como las compañeras lo habían realizado, cambió el pensamiento por positividad: "Si ellas lo saben hacer, yo aprenderé".

Sor Catalina alzó la voz con mucho autoritarismo.

—Cuando terminéis de comer, en silencio dejáis vuestros platos y cubierto en los carros del centro, sin haber dejado nada en los platos y vais saliendo al patio, aquella que no hay terminado, se queda cinco minutos y si no lo termina, tendrá la comida para la cena.

Andrea no entendía cómo se podía dejar la comida, estaba buenísima, para ella fue un banquete acompañado de sus compañeras.

Esperó para observar qué hacían el resto de las niñas, de repente observó cómo cinco niñas se disponían a limpiar los platos, recoger las mesas, sacar la basura. Ella consideró apropiado ayudar y se puso a hacer lo que hacían las cinco niñas. No habían pasado quince minutos cuando apareció Sor Catalina.

—Andrea, tú no estás en el listado de niñas que necesitan ayuda para pagar el Colegio, por eso no estás asignada a tareas de limpieza.

Andrea, irritada, dijo que no, pero que a ella no le importaba ayudar, es más le agradaba, y así podía ayudar a las cinco niñas.

Ella siempre recordaba que, antes de ser mariposa, fue gusano, Pero estaba equivocada, pero que muy equivocada: era una orden. Salió malhumorada al patio, sin entender nada.

Más tarde le explicarían que las familias con pocos recursos enviaban a sus hijas a estudiar a cambio de que trabajasen en la limpieza del colegio. Andrea seguía viéndolo como una injusticia, ya que eran muchas niñas y se podían organizar para estas tareas. De alguna forma ella ayudaría a las niñas discretamente para que no la castigaran.

Pronto hizo amigas: Soledad, Irene, Elena, otra Elena, Eugenia, este era un grupo indisoluble. Se contaron sus vidas, sus angustias y alegrías. Compartían muchos gustos y aficiones, ellas eran   veteranas y con experiencia en el Colegio. Le explicaron muy detenidamente los nombres de las profesoras monjas y la de los dos curas, ciertas características y a qué se dedicaba cada uno de ellos.

—Sor Fernanda. Directora del Colegio. Profesora de música. Tocaba el órgano en la capilla, los domingos y fiestas. Buen carácter con las alumnas. Contaban que, por lo guapa que era, se saldría de monja pronto.

—Sor Catalina. Profesora de gimnasia y deporte. Encargada del Comedor. Era la que imponía los castigos por saltarse las normas de buena conducta.

—Sor Emilia. Profesora de Lengua y Literatura. Apasionada de las novelas históricas. Era la encargada de la capilla y los actos religiosos.

—Sor Nieves. Dedicada al seguimiento de los alumnos, su aprovechamiento en los estudios. Si la alumna se torcía, ella la enderezaba con castigos ejemplares. Era la encargada del Economato del Colegio.

—Sor Loles. Así la llamaban, no permitía que la llamasen Dolores. Profesora de Ciencias Naturales. Se cogía muchos berrinches; era la encargada de sacar de paseo al campo a las alumnas y de preguntar por el nombre de árboles y hojas que se encontraban por el camino. Dedicaba muchas horas para explicar a las alumnas tipos de árboles, hojas y frutos. Las alumnas no las diferenciaba, esta ignorancia no lo podía resistir y se enfadaba acompañada de una rabieta. Ayudaba en el Economato a Sor Nieves.

—Sor Boli. Profesora de Geografía. Organizadora de dormitorios. La geografía cobraba una dimensión espectacular, le encantaba su materia, y sobre todo explicar Ceuta. Muchos de los castigos eran obra suya, tenía establecido un protocolo muy severo en los dormitorios.

—Sor Carmen P. Profesora de costura. Enseñaba con patrones, cómo hacerse ropa. Carácter muy conciliador. Decía a las alumnas que había que aprovechar todo. Catequista, muy cariñosa, contaba el catecismo con historias emocionantes.

—Sor Carmen S. Profesora de Mecanografía y Taquigrafía. Materia obligatoria. Era de una rigidez absoluta: espalda recta, piernas juntas, memorizar las teclas de la máquina. Cuando oía un sonido que no era el adecuado, paraba la clase. Era la organizadora de la limpieza, cuando te castigaba, ya sabías cuál era el castigo: limpiar el patio.

—Sor Carmen A. Profesora de buenos modales y protocolos de comportamiento. Enseñaba a modular la voz, ni rápido, ni pausado, ni alto, ni bajo. Era la organizadora del coro, compuesto por las alumnas más privilegiadas con la voz. Era muy amiga de las alumnas, saltaba en el patio con ellas a la comba.

—Sor Manuela. Profesora de Ciencias Sociales. Una materia que le encantaba, la disciplina de relación con el comportamiento humano y la sociedad en general. Era la encargada del botiquín y de la Enfermería. Decían que tenía estudios de enfermera. Siempre muy sonriente y amable.

—Sor Francisca. Profesora de Dibujo y Plástica, muy perfeccionista e imaginativa. Pretendía que las alumnas tuviesen habilidades especiales para pintar lo que veían, eso era difícil. Era la encargada del despertador: en cinco minutos las alumnas tenían que estar de pie e ir al cuarto de baño, asearse debidamente, aparecer como un pincel. Su disciplina era de sargento.

—Sor Ada. Profesora de Religión y Eventos. Daba las clases de religión adaptándose a pequeños cuentos. Era la encargada de realizar el Belén humano con las alumnas, la encargada de realizar desfiles de modelos para recaudar fondos. Los asistentes a los desfiles eran los padres, que antes de entrar tenían que aportar un sobre con su aportación. Era soñadora, nunca veía dificultad en nada, las alumnas estaban encantadas con ella.

—Sor Jacinta. Profesora de Historia. Muy didáctica y enamorada de la materia. Obsesionada con Despeñaperros. Siempre decía a las alumnas que viajar es vivir dos veces. Encargada de la uniformidad, no pasaba una, si no cumplías el reglamento, eras castigada a estudiar Geografía, sin paseos.

—Sor Ana. Profesora de Matemáticas. Las matemáticas fueron su pasión. De forma comprensible y fácil, explicaba ese mundo tan complicado de los números. Era la encargada de la contabilidad del Colegio y además la organizadora de las salidas autorizadas y de los castigos de las alumnas.

—Cura Manolo. Profesor de Latín. Era el cura que daba misa todos los días, domingos y fiestas de guardar. Era el confesor. Alegre y cercano, no ponía grandes penitencias por los pecados. Le gustaba mucho jugar al baloncesto con las alumnas.

—Cura Indalecio. Profesor de Francés. Parecía nacido en Francia, siempre hablaba en francés. Sus clases eran difíciles de seguir, si no fuese que cogía un objeto y lo repetía mil veces. Era muy amigo de las monjas, entre las alumnas se comentaba que se entendía muy bien con Sor Fernanda. Esta era la familia de monjas y curas que, durante seis o siete años, formarían y educarían a Andrea en las materias obligatorias de Bachillerato, así como normas de buena conducta, protocolo de comer, utilizar los cubiertos apropiados, no hablar cuando se come, vestir, sentarse, oír, hablar, rezar… un sinfín de protocolos, que conseguirían lo que su madre tanto ansiaba: una educación completa para continuar en la Universidad.

Andrea era feliz en el colegio. Diez años, sin nadie con quien jugar en casa, estaba acostumbrada a que una silla era su amiga, dialogaba continuamente con ella; ahora todo era muy distinto: dormir con muchas niñas, jugar con ellas, poder compartir mil historias con sus amigas. La mayoría de ellas consideraban que el colegio era una cárcel, excepto Andrea, que manifestaba continuamente la suerte que había tenido, ella pensaba que la falta de libertad no estaba en el recinto, la falta de libertad estaba en no poder elegir qué hacer, y ellas ahora estaban en formación obligatoria, para después poder elegir lo que le gustase.

Pronto se unió al equipo de voleibol. Andrea contaba a sus amigas lo que su padre le había enseñado, les hablaba de los caballos, perros, por supuesto de Félix, de que ella sabía hacer queso. Se consideraba privilegiada respecto a las otras niñas, ella sabía hacer mil cosas que ellas ignoraban y que además consideraban que eran trabajos de chicos. Esto enfurecía a Andrea, les recordaba lo que su padre Arsenio le repetía frecuentemente: "Lo que puedo hacer un hombre lo puede hacer una mujer, eso sí con menos fuerza". Sus amigas se reían de ella, estaban mucho más pendientes de las actuaciones de las monjas y de los curas, contaban muchas historias de amores imposibles. Andrea aprendió con sus amigas y con Sor Catalina cómo se fabricaban los niños, de una forma muy bonita, entendible, nada morbosa, el sexo quedó al descubierto. Con las explicaciones de Sor Catalina, por fin se explicó los ruiditos por la noche en la habitación de sus padres. Sor Catalina les pidió secreto de la explicación que les había dado, existían niñas pequeñas, que no estaban preparadas y seguían pensando que los niños los traía la cigüeña de París, y así debería ser hasta que fuesen mayores.

Arsenio iba con frecuencia al colegio a verla, frecuentaba la ciudad con asiduidad, más que nunca, siempre ponía un pretexto y lo utilizaba para ir a ver a su hija unos minutos. Sor Fernanda le regañaba:

—Arsenio, la niña no tiene por qué tener tantas visitas. Interrumpe usted la organización del día. Puede que no le haga nada bien verla continuamente. Puede que sufra una rebelión y se quiera marchar del colegio. Tiene que ser usted mucho más responsable.

—Sor Fernanda, no se preocupe, ni por mí ni por Andrea, solo unos minutos, le tengo que contar muchas cosas que están ocurriendo buenas en la familia, recordarle que no puede olvidar nada de lo que yo le he enseñado. Además, Sor Fernanda, Andrea, está contentísima en el colegio, ha engordado bastante, debe tener cuidado, y solo habla de lo bien que se lo pasa aquí; también me comenta que la castigan por casi todo, ella es buena niña, no estaba acostumbrada a convivir en comunidad.

Para Andrea las visitas de su padre eran un regalo maravilloso: ella le contaba todo lo que hacía, el porqué de sus castigos, que el profesor de francés, el Cura Indalecio, la llamaba André, y que la gustaba mucho; que Sor Loles la había incluido en el coro y ella no sabía cantar, que movía la boca como si cantase, pero no emitía ningún sonido; que Sor Emilia le dejaba libros, para que los leyese en sus ratos libres, que estaba encantada con la lectura; que Sor Ada la había elegido para pasar un modelo de patas de pollo de verdad, que ella misma estaba cosiendo las patas a un vestido; que había sido seleccionada para jugar al voleibol, que era un juego con el balón y la red muy apasionante, formado por dos equipos, integrados por seis jugadoras. El objetivo del juego es pasar el balón por encima de la red, logrando que llegue al suelo del campo contrario... con ellas jugaba Sor Nieves y Sor Boli, eran maestras en esta técnica de juego, Sor Catalina, siempre hacía de árbitro, corrigiendo cuando las normas no eran respetadas.

Le contaba mil cosas en muy poco tiempo. Arsenio siempre llevaba un paquete de galletas pequeñitas de Reglero, rellenas de café, siempre se lo daba a escondidas y Andrea lo escondía en su uniforme para compartirlo con sus amigas.

Las despedidas eran buenas entre padre e hija, los dos estaban satisfechos por lo que compartían. Arsenio se marchaba un poco más triste, veía que su hija del alma se estaba haciendo mayor, tenía la sensación de que la estaba perdiendo un poquito.

Las visitas de su madre Lucía eran mucho más prolongadas, aparte ese día que ya estaba anunciado con anterioridad. Andrea salía a comer con su madre y Lucía aprovechaba para comprarle ropa bonita, siempre al gusto de Lucía.

Lucía, antes de ver a su hija, pedía entrevistarse con todos las profesoras y el profesor de francés, preguntaba cómo era la actitud de su hija, cómo aprendía y comprendía las materias, cómo progresaba, cómo era su comportamiento de respeto y de educación, un sinfín de preguntas a lo que las monjas y el cura estaban encantados de contestar, por el interés que ponía Lucía sobre la educación de su hija.

Sor Francisca contó a Lucía que Soledad y Andrea habían estado castigadas cinco días a recoger los dormitorios, que estando ella de relevo de Sor Catalina, una noche, cuando se suponía que las niñas tenían que estar dormidas, se encontró una imagen que le daba vergüenza relatar, pero estaba en la obligación de contarlo: Andrea estaba de rodillas con la cabeza en la almohada y el culete en pompa. Soledad encendía una cerilla cerca del orificio anal, y todas las alumnas se reían y gritaban, decían que eran fuegos artificiales producidos por los pedos de Andrea. Obsceno, horrible, guarro, fuera de lugar, Sor Francisca, tuvo que consultar con la directora que castigo imponerlas. Sor Fernanda minimizó la situación, para que el castigo o sanción fuese leve. Corría el riesgo si se reunían en claustro que fuesen las dos niñas expulsadas.

Este hecho horrorizó a Lucía. Ella estaba avergonzada del comportamiento de su hija, no culpabilizaba a su amiga Soledad, la responsable era su hija, que se tomaba muchas libertades, y este era el resultado. Lucía conocía el atrevimiento de Andrea, y sabía que no le importaban los castigos. Su hija siempre estaba dispuesta a colaborar en la investigación, costase lo que costase. Investigación es un decir, su hija estaba dispuesta a todo que supusiera alegría para ella y para sus compañeras.

Ese día disponía de una tarde libre, para salir de compras con su madre.

—Andrea, no creo que tu comportamiento sea adecuado, se lo contaré a tu padre, he pasado mucha vergüenza. Qué van a pensar de cómo te educaron tus padres; es vergonzoso tu comportamiento, no tendría que ir de compras contigo, ese tendría que ser mi castigo. Andrea, ¿te arrepientes de lo ocurrido? ¿No volverá a suceder?

—Mamá, no volverá a suceder, pero era un experimento que dio resultado: salían chispitas y lo pasamos muy bien. Nadie creía a Soledad, hasta que lo demostró. Sí, mamá, no volverá a suceder. Solo espero que me entiendas.

Lucía y Andrea emprendieron el camino a las tiendas modernas para sus compras. La madre ya sabía lo que su hija necesitaba, no se lo había consultado. Su hija, según ella, no entendía nada de moda. Un pequeño problema se planteaba: Andrea había engordado ocho kilos, lo que horrorizaba a Lucía; le decía una y otra vez que no debería continuar así, que debería comer menos, que estaba bastante gorda, que con ese cuerpo no podría lucir bien la ropa moderna. Andrea escuchaba, pero no oía, no le importaba su gordura, estaba feliz con sus amigas, con el colegio, con las comidas, estaba feliz con todo. El grupo de amigas estaban gorditas excepto Elena, que comía mucho, pero no engordaba. De vez en cuando se daban un festín, las anchoas que el padre de Elena le enviaba, los chorizos de Soledad, los dulces que le enviaban a Eugenia, las rosquillas de la otra Elena, las galletas de coco rellenas de café achocolatado, que ella aportaba y cuando tenían dinero, en su paseo, iban a una pastelería muy especial y se compraban dos pasteles para cada una. ¡Cómo disfrutaban!

Lucía llevó a su hija a la Boutique, que estaba de moda, y rápidamente vio el conjunto que quería para su hija: una falda inglesa de tablas, cerrada con un gran imperdible de cuadritos blancos y azul celeste, acompañada de un polo blanco de la marca Cocodrilo y rematando con una rebeca azul clarita de lana y tejida en preciosos ochos a juego con la falda.

Andrea se probó lo que su madre ordenó, se vio en el espejo, y lo que el espejo ofreció, fue una imagen terrible: si ya estaba gordita, con este conjunto parecía un tonel color azul celeste. La opinión de su madre era muy distinta. Era moda y estaba muy guapa. No había más que hablar, y Andrea no comentó nada, no sentía rebeldía por aquel entonces sobre las prendas de vestir, ella conocía sus gustos, que no compartía con su madre, aun así, quería complacerla, total a ella le daba igual.

De vuelta al colegio, Andrea se reunió con sus amigas, les contó la regañina de su madre y les enseñó las compras. Algunas de sus amigas tenían el mismo tipo de falda en otros colores, ella dejó muy clarito que había sido a gusto de su madre.

Pasó a un segundo lugar las compras de Andrea, la conversación con sus amigas se tornó trágica.

Soledad no aguantaba el encierro (según ella) sin libertad, estaba presa. Eugenia compartía la misma idea, Elena la Grande, no soportaba el autoritarismo que les imponían y estaba dispuesta a escaparse, a la otra Elena, le parecía todo mal, todo estaba muy mal, ya eran grandes para obedecer tantas idioteces y no poder disfrutar de libertad (la libertad, entonces, era tener tiempo libre en la calle).

A Andrea, con los comentarios de sus amigas, se le caía su idealizado Colegio, intentaba convencerlas de la suerte que tenían todas, ellas la miraban con cara de asombro y un poco de desprecio, al no compartir lo que ellas exponían.

Andrea no pudo dormir esa noche, pensando por qué ella era feliz y sus amigas no, algo raro le estaba pasando a ella, no era normal que no compartiera los mismos pensamientos que sus amigas.

Decidió que, al día siguiente, a primera hora, cuando fuesen a misa, ella se confesaría con el cura Manolo, no podía continuar así.

Andrea, dicho y hecho, era la primera en la capilla.

—Buenos días, cura Manolo, ¿me puede usted confesar?

El cura Manolo, sorprendido por la necesidad urgente de Andrea, le indicó que pasase al confesionario y después del ritual preciso dijo:

—Dime, hija, ¿cuáles son tus pecados?

Andrea dijo:

—Padre, ese es el problema, que no tengo pecados, ni de obra, ni de pensamiento ni de acción, alguna travesura que hago y me castigan, pero eso sé que no es pecado. Mi problema es que no tengo pecados.

El cura Manolo a duras penas podía contener la risa, le pasaban cosas muy raras con las niñas, pero esta era muy original y dudaba cómo resolverla.

—Hija –dijo que cura Manolo–, no te preocupes, los pecados ya aparecerán en tu vida, aparecerán de todos los tipos, todo llegará, entonces es cuando tienes que venir, o si tienes dudas que puede ser pecado, también me lo puedes consultar. Te orientaré para que estés tranquila. De penitencia te impongo cinco Padrenuestros y cinco Ave Marías. Andrea, se relajó, ya le vendrían los pecados, intentó entender a sus amigas y seguir disfrutando del colegio.

"Todo género de vida,
sin descansos alternativos,
no es duradero".

OVIDIO

8. VACACIONES

Hoy comienzan las vacaciones tan deseadas, han pasado algunos años y estas vacaciones Andrea las ansiaba. Las notas son buenas, eso le permitirá hacer muchas cosas que tiene previstas.

Sus padres han ido a por ella, se ha despedido de sus amigas, de las monjas y de los curas. Feliz como una perdiz, se dirige al pueblo, aún ha engordado un poquito más. Lucía considera que se tiene que poner a dieta, Arsenio ve a su hija estupenda, la ve guapísima. Su madre siempre dice que Andrea no es guapa, es graciosilla, esto es un gran piropo, viniendo de su madre y los malditos cánones de belleza que tiene.

Es recibida por los perros que ladran de alegría, allí, están Félix y Ezequiel, la tía Amalia, que se quedó al cuidado de Inés; ella también muestra su júbilo al ver a su hermana, ha crecido mucho, está alta y delgadita, todo lo contrario de Andrea.

Besa a todos, acaricia y juega con los perros, pero un instinto la hace ir corriendo a las cuadras, tiene que saludar a Sultán y Coraza, están preciosos, están brillantes, sus colas peinadas. Les besa, les acaricia, les habla en voz alta, les cuenta que ya está ella aquí para salir a pasear, trotar, galopar; los caballos la entienden, su padre la observa desde la esquina de la cuadra, lleno de satisfacción.

Su tía Amalia ha preparado de comer Cocido Madrileño, el cocido de toda la vida: su sopa con fideos (del caldo de cocción de verduras y carnes), de segundo los garbanzos con las verduras y por último las carnes, chorizo y morcilla, acompañado del riquísimo pan de la panadera del pueblo. De postre una naranja Washington, que Andrea pela con cuchillo y tenedor, por lo que es observada por toda la familia. Lucía y la tía Amalia, ponen cara de satisfacción, Inés ve que su hermana hace cosas muy raras con la naranja, Arsenio se sorprende de la habilidad de su hija, y para sí dice: "que pérdida de tiempo, para pelar una naranja".

Recogen la cocina todas. Arsenio, en el sillón orejero, dormido, dando lo que él llama una cabezada. Lucía se mueve muy sigilosamente e indica a las demás que la imiten, para no molestar a Arsenio.

Faltaba más, el hombre de la casa tiene, debe descansar, la casa, compra, comida, limpieza, lavadora… son cosas de mujeres. Andrea no lo veía bien, su madre trabajaba mucho, estaba pendiente de todo, incluida la educación de sus hijas, no entendía por qué había que mimar tantísimo a su padre. Pasarían los años y jamás llegaría a entenderlo. Andrea, después de sus obligaciones domésticas, se puso cómoda de ropa y calzado, pensando en ir a ver a sus amigas. Cuando iba a coger la bicicleta, Arsenio la llamó, quería hablar con ella.

—Hija –comenzó Arsenio–, te veo mayor, muy segura, ya sabrás que cuento contigo para que me ayudes en la agricultura y ganadería, podrás salir de fiestas y acompañarme a varios encierros que tengo programados. Como siempre, tienes libertad de horario, solamente me tienes que decir con quién vas y quiénes son tus amigos. Estás en una edad difícil, tu padre estará para lo que necesites. Te voy a decir algo, que espero te sea de utilidad y voy a utilizar como símil las sotas de las cartas de la baraja:

La Sota de Bastos: Fortaleza.

La Sota de Oros: Prudencia.

La Sota de Espadas: Justicia.

La Sota de Copas: Templanza.

Sabes perfectamente que yo carezco de prudencia y templanza, esas cualidades las posee tu madre, las cuales yo admiro. Si tú en tu vida consigues conjugar estas cualidades, añadiendo la buena educación y el sentido común, llegarás donde te propongas, no olvides nunca la responsabilidad, esta es la herramienta fundamental, para conseguir los objetivos marcados. No olvides nunca, hija, estos pequeños consejos, la vida me ha enseñado que si los pones en práctica, tendrás el éxito personal asegurado. Debes cuidar tu forma de vestir, de comportarte adecuadamente, de exponer tus ideas libremente sin ofender, al contrario, no debes acomplejarte de aquel que sabe mucho o tiene un conocimiento altísimo de temas generales, lo que debes hacer, es escuchar y aprender. En esta vida, todo es aprendizaje, todo es valioso, nunca sabes cuándo puedes tener que utilizar los conocimientos. Tendrás amigos, con dinero, ricos, y otros que carecen de todo, tanto unos como otros, sabrás valorarlos por sus capacidades, aptitudes, habilidades, valentía, esfuerzo y compromiso con la vida. Muchos de ellos te ayudarán a ti en momentos determinados, por supuesto tú, debes estar pendiente de las necesidades de tus amigos. Los amigos son un tesoro de incalculable valor.

Arsenio poseía un sexto sentido, era increíble que un hombre con estudios básicos, dedicado a la agricultura y ganadería, tuviese analizada tan detalladamente la vida. Él absorbía de cualquier fuente que le interesase para ampliar su sabiduría, era un observador único y no se dejaba condicionar por nadie. Existían dos personas que le condicionaban: su mujer Lucía y su hija Andrea, pues Inés era aún muy pequeña. Las opiniones de las dos sí la tenía en cuenta, aunque en un principio hiciese como si no le importase, en la práctica eran ellas el motor de su vida, y pronto lo sería su hija Inés.

Una vez terminados los consejos de Arsenio, Andrea se quedó muy pensativa, cierto es que se comunicaba muy bien con su padre, entendía perfectamente lo que él le explicaba; ahora, cuando se dio cuenta de que los consejos de su padre estaban formulados en el momento preciso, pues se había hecho mayor, era una mujercita, disponía de libertad, libertad con responsabilidad.

Memorizó con interés todo o casi todo lo que su padre le había dicho, pensó qué difícil era la vida de ser mayor: sumar los consejos de su madre, padre, colegio, era mucha tarea que recordar. Lo que desconocía Andrea era que no todo lo debía aplicar el mismo día, la vida le daría la oportunidad de poner en práctica las recomendaciones de sus padres y profesores, en el momento oportuno. Las bases estaban, ella sería la constructora de su propia edificación. Andrea fue al encuentro de sus amigas montada en su bicicleta roja. A decir verdad, la bicicleta se quedaba un poco pequeña, su padre le decía que aprendiese a coger la moto que había comprado, "Una Bultaco Enorme" de segunda mano, que era muy práctica, fácil de llevar y transportaba al lugar elegido en poquísimo tiempo. Andrea ya lo había intentado con la ayuda de su madre, cuando se padre dormía la siesta. Era una tarea dura, complicada, imposible: su madre sujetaba la Bultaco, ella se subía, arrancaba, ponía la marcha que estaba en el pie derecho y… al suelo, no había forma de guardar el equilibrio, ni de mantenerse encima de la moto. Esta operación la repetían como diez veces. Lucía siempre pensando que, en cualquier momento, su hija fuese capaz de conducir la moto, pero su hija, la técnica no la aprendía y según Andrea la moto pesaba un quintal, un quintal que era imposible mantenerlo en pie.

—Lucía –la animaba–, algún día darás una sorpresa a tu padre, cuando te vea conducir la moto. Mañana, cuando se eche la siesta volvemos a practicar.

Andrea no estaba convencida de que llegase ese día, su madre la desorientaba, no sabía si la ayudaba por superar el reto o la ayudaba para satisfacer los deseos de su marido, que siempre tenía el mismo lema: "Lo que puede hacer un hombre, lo puede hacer una mujer". Cierto es que la desconcertaba, le estaba muy agradecida por el esfuerzo y tesón para que ella consiguiera el objetivo, pero… su madre odiaba todo aquello que fuese mecánico o todo aquello que acarrease un riesgo o peligro.

Al fin, llegó al puente del pueblo para reunirse con sus amigas: alegrías, muchas cosas que contarse, rápidamente la pusieron al día. Ahora ya no se quedaban en el pueblo, se iban con permiso de los padres a una localidad cercana donde había una discoteca y muchos bares, las llevaban en los coches de los hermanos o primos mayores, volviendo a una hora prudente y autorizada. Esto no siempre sucedía como estaba programado, ya que, si el conductor le había salido plan y estaba a gusto, se podía alargar la hora del regreso.

Sus amigas, Rosa, Carmen, María Luisa, Filomena le contaban lo bien que se lo pasaban en la discoteca y la cantidad de chicos que conocían. Los había de todas las clases: agricultores, estudiantes, los que no hacían nada… Allí se reunían los jóvenes de los pueblos cercanos a la localidad, que por aquel entonces contaba con unos 9800 habitantes. Andrea estaba muy interesada en saber cómo estaba Daniel, siempre estuvo loquita por él, estudiaba en la capital, ella pensaba que era correspondida, pero…. sabía que también Daniel hacía mucho caso a Rosa, algo que la ponía celosa.

—¿Dónde están los chicos? Pablo, Carlos, Álvaro, Isaac, Roberto y Daniel –preguntó Andrea.

El último Daniel, para que sus amigas no sospecharan nada. Era su secreto. No quería que nadie lo supiese, por si Daniel la rechazaba.

—Vendrán dentro de un ratito, hemos quedado aquí con ellos. Ya están todos en el pueblo, están organizando un guateque en la cochera de Pablo, para mañana por la tarde –dijo María Luisa.

Qué nervios, un guateque, qué ropa se pondría, como actuaría, le pediría baile Daniel o le tocaría bailar con Álvaro, que estaba gordísimo, sudaba mucho y se arrimaba de una manera desmedida, no le frenaban ni los brazos en forma de palanca, casi siempre la tocaba a ella bailar con él, porque nadie quería bailar con Álvaro, pero a Andrea le daba mucha pena y al final bailaba con él. Mentalmente hizo un propósito: no bailar con Álvaro, era una caridad estúpida, su objetivo era estar muy cerca de Daniel y comenzar a bailar con él, comenzar y continuar, era con él con el que quería bailar todos los bailes.

Los chicos llegaron al puente, se saludaron, cuando Andrea vio a Daniel, el corazón le palpitaba a una velocidad extrema, se puso muy nerviosa, quizá ruborizada, aunque debido a su tono oscuro de piel, no se le apreciaba.

Daniel estaba guapo, guapísimo, con esa mirada estudiada de timidez y una sonrisa que lo decía todo. Un tipo impresionante, su pelo moreno un poquito largo. Un bombón.

—Hola, Andrea –saludó Daniel–. Te veo muy mayor, has engordado un poco (esto la mató). Sigues igual de guapa o más, desde la última vez que nos vimos (esto la animó). Mañana lo vamos a pasar genial en el guateque, hemos dejado la cochera preciosa, mis padres, me han prestado el tocadiscos, tenemos muchos discos, bebidas, unas sin alcohol y otras con. También hemos comprado cigarrillos, aceitunas rellenas, patatas fritas. Las chicas tenéis que llevar algo de comer, jamón, chorizo, salchichón, pan, ah, y agua, que nosotros los chicos pasamos del agua. Nos lo vamos a pasar genial.

Andrea ya no pensaba en otra cosa que en el guateque del día siguiente. Algo le decía Álvaro, pero no le oía, estaba en cuerpo allí, en el puente, con sus amigas y amigos, pero… su mente estaba preparando el día siguiente. Pediría consejo a su madre, sobre qué ropa ponerse, tendría que lavarse el pelo y plancharlo, su madre le tendría que depilar las cejas, tendría, tendría… que estar muy guapa para el guateque, para conquistar a Álvaro.

Se despidieron, pero antes, Andrea vio cómo Rosa hablaba despacito con Álvaro y se le acercaba peligrosamente.

Rosa era muy lanzada, pero quien traía de calle a los chicos eran Carmen y Filomena. Jamás aprendería Andrea la táctica que utilizaban, pero donde ponían el ojo, allí triunfaban. Ellas decían que enamorarse ahora era una tontería, que había que divertirse con los chicos en general, pero no enamorarse, que eso traía muchas complicaciones.

Andrea llega a casa, contenta, nerviosa, les cuenta a sus padres lo del guateque, sin entrar en detalles. Arsenio y Lucía se miran. Son miradas que afirman que su hija se hace mayor. Conocen a todos sus amigos, pero… no está exenta de que cometa imprudencias. Confían que Andrea, con su carácter, cortante y sensata, será responsable, pero es un guateque, tendrán que ser exigentes y explicar las situaciones que se pueden presentar.

—Andrea –dice Arsenio–, mañana temprano, tenemos que ayudar a Félix y al señor Esquilador, tenemos previsto esquilar a las ovejas y carneros, ya sabes, como un corte de pelo ante la proximidad del calor, para evitar que se acaloren en el campo y no contraigan enfermedades. Los vellones tienen que salir enteros, después limpiarlos y dejarlos preparados para su venta. Terminaremos antes de comer, lo que nos dará tiempo a cambiar los tubos en el regadío. Te dejo la tarde libre, para que te arregles y te pongas guapa para el guateque. Tendrás que cuidarte mucho de no fumar (ya tendrás tiempo) y de no beber alcohol. Cuando bebes alcohol se te transforma la mente, vamos que no piensas lo que tendrías que pensar, que te dejas llevar por el estado de euforia que produce el alcohol, te lo dice tu padre, que ha perdido el control en varias ocasiones.

Andrea se tenía que organizar; por las noches antes de dormir, siempre leía, ahora estaba leyendo El diario de Ana Frank, cuyo argumento la tenía atrapada. Ana Frank fue una niña alemana con ascendencia judía, mundialmente conocida gracias al Diario, donde dejó constancia de los dos casi dos años y medio que pasó ocultándose, con su familia y cuatro personas más, de los nazis.

Su afición por la lectura, en primer lugar, le venía de su madre, que siempre estaba con un libro entre sus manos y contaba lo bien que se lo pasaba leyendo; pero realmente quien le había inculcado el amor a los libros y a la lectura era Sor Emilia, amante de los autores clásicos, amante de los libros. Los adoraba, inculcaba a las alumnas el amor por la lectura, como herramienta imprescindible en la vida, decía que los libros eran:

—Los mejores profesores de la vida. Los libros y las puertas son lo mismo. Las abres y pasas a otro mundo.

Sor Emilia, tenía sus escritores favoritos: Charles Dickens, William Shakespeare, Miguel de Cervantes, Fiódor Dostoievski, Julio Verne…. Y un libro especial, La Biblia, es un libro que hay que leer despacio y entendiendo los personajes y lo comparaba con *El Quijote*.

Sor Emilia era muy especial, demasiado para ser monja: moderna, con pensamiento liberal, siempre luchando por el conocimiento y la igualdad de géneros. Años más tarde, dejaría su hábito de monja y se casaría. Siguió dedicándose a la enseñanza y al arte de amar la lectura, amar los libros.

Andrea, agotada, se quedó dormida de tanto pensar, de las sensaciones tan bonitas que había tenido: todo había sido gratificante.

A las siete de la mañana, su padre la llamó, con el tiempo justo para desayunar e ir a ayudar. Cuando se presentó en los apriscos, Félix ya había preparado y organizado a todo el ganado, estaba de charla con el esquilador, Modesto. Arsenio y Andrea se incorporaron y comenzó el trabajo planificado. La misión de Andrea era recoger los vellones y retirarlos del campo dedicado a esquilar cada oveja. A veces le costaba mucho trabajo, porque pesaban bastante y desprendían polvo, lo que le producía estornudos.

Sobre las diez llegó Lucía con una bandeja de huevos fritos, acompañada de chorizos, tocino, queso, pan y una botella de vino. Para Andrea, agua. Todos agradecieron esa visita; era la hora perfecta para parar un ratito y desayunar. Era un desayuno como Dios manda, devorado con ansiedad. Hasta Andrea, que ya había desayunado, se puso las botas comiendo: el trabajo duro da mucha hambre.

Como su padre había previsto, terminaron el esquilado y recogida de vellones sobre la una. Sin cambiarse de ropa, Arsenio y Andrea, en el Cuatro Ele (conduciendo Andrea) se fueron al regadío y cambiaron las tuberías para poder regar otra parte del campo de la remolacha. Andrea estaba exhausta, aunque no se quejaba. Trabajaba al ritmo que su padre imponía, le motivaba pensar en la tarde, en su guateque.

Cuando llegaron a casa, después de lavarse la cara y manos, se pusieron a comer. Lucía había preparado unas ricas lentejas con puerro y chorizo. Lucía cocinaba muy bien, las lentejas le salían de escándalo, receta que pasaría de generación en generación. De postre plátanos, según comentaba Lucía, para reponer la energía gastada, lo había aprendido de sus titas, y era cierto, comerte un plátano cuando estabas muy cansada te reponía muy rápidamente. Lucía y Andrea recogieron la mesa y cocina rápidamente. Arsenio estaba muy cansado, se imponía descansar; Inés hacía tiempo que estaba durmiendo la siesta.

Por orden de su madre, Andrea se fue a descansar, aunque pensando si le daría tiempo de arreglarse para el guateque. Confiaba en los tiempos de su madre, era muy planificadora y organizativa, sabía que no la fallaría. Efectivamente, no falló: cuando había dormido una hora, la llamó, ya estaba preparada la ducha rudimentaria con los productos de belleza adecuados, para el pelo y cuerpo. Lo que más tiempo le llevaría a Lucía sería planchar el pelo, para que el ensortijado cabello de Andrea se convirtiese en una melena lisa. A Lucía le encantaban los rizos de su hija, pero ella prefería el pelo liso. Lucía depiló, hizo la manicura, la ayudó a hidratar su cuerpo con crema Nivea y la pulverizó con Agua de Rosas. En la cara, un poco de crema Pond's, un poquito de Abéñula a sus pestañas, para que luciesen fuertes e hidratadas. Terminó con unos pequeños brochazos de polvos compactos Maderas de Oriente, todo muy suave, era parte del ritual que utilizaba Lucía para arreglarse, ella incluía una rayita en el ojo, rímel y barra de labios color coral, pero Andrea aún era joven para ir pintarrajeada. La ropa la eligió la propia Andrea, porque no estaba de acuerdo con lo que su madre le proponía. Eligió unos pantalones vaqueros Wrangler, una camisa de cuadritos rojos y unos zapatos mocasines azul marino. Como joyas, llevaba lo que habitualmente siempre iba con ella: unos pendientes de perlas y un anillo-sello de oro con las iniciales de su nombre y apellidos.

Lucía tenía preparado chorizo y salchichón curados de su matanza, cortado en finas rodajas, para que su hija lo llevase a la fiesta, advirtiéndole que quería saber si les había gustado después de degustarlo.

Andrea no tenía costumbre de mirarse en los espejos, ella sabía cuándo iba bien o regular: si se sentía cómoda, le daba la seguridad suficiente para saber que estaba perfecta.

Hoy sabía que estaba perfecta, segura de sí misma. Salió de la habitación para que sus padres y hermana le diesen el visto bueno. Arsenio vio a su hija, preciosa, toda una señorita, sintió celos, celos controlados, no tan exagerados como los que sentía por su mujer, pero era su hija y estaba muy guapa y no se fiaba de los chicos jóvenes, le parecían muy lanzados, mucho más que cuando él era joven. Lucía estaba orgullosa del resultado de su hija (claro que, si adelgazase un poco, estaría más guapa), pero aprobó su vestimenta, le parecía que los pantalones vaqueros le quedaban muy bien y le daban un toque sensual especial. Inés solo dijo:

—Qué guapa mi hermana.

Ya salía Andrea cuando Arsenio, la paró, no podía ser de otra forma.

—Andrea –dijo Arsenio–, solo te pido que seas responsable. Diviértete.

Andrea había quedado con sus amigas a pocos metros de la cochera. Todas llegaron, muy guapas, perfumadas excesivamente. Filomena con una camisa muy atrevida, enseñando el canalillo. Rosa estaba espectacular, con mucha seguridad, y llevaba tacones. María Luisa llevaba una falda tubo, muy corta, excesivamente corta, acompañada de su guitarra, tocaba muy bien y cantaba mejor. Quienes la conocían, la veían como una futura cantautora de fama. Carmen era la novedad: llevaba un mono color celeste, muy innovador, que se había puesto de moda recientemente, estaba guapísima. Todas se miraron y remiraron, dándose un notable de lo guapas que estaban para el guateque.

Todas vieron al mismo tiempo la cochera del padre de Pablo. Estaba impresionante: el suelo de cemento barrido y muy limpio; en un barril de gasoil, con una madera encima, estaban las bebidas y muchos vasos de cristal de distintas formas. En una mesa fabricada con cajas de verduras y cubierta con un mantel estaba depositada la comida. Los asientos eran alpacas recubiertas de sacos de cebada o trigo. Había en las paredes tres posters colgados de Adamo, Manolo Escobar y de los Pekenikes. En el centro del techo colgaba una bombilla, que estaba envuelta en papel celofán rojo. Esquinado y en una silla de paja de anea, estaba lo más importante y valioso: el Tocadiscos, con bastantes discos. Este rinconcito mágico era exclusivamente de Daniel, nadie podía acercarse, ni tocar el artilugio, mucho menos los discos.

Los chicos se habían puesto muy guapos, bueno, menos uno, Álvaro, que, asesorado por su madre, continuaba llevando ropa muy infantil, pantalón corto a punto de estallar.

Excitación es la que tenían los jóvenes, hambre, poca, aunque Isaac pidió a las chicas lo que habían llevado y lo ordenó muy armoniosamente en platos de duralex.

Las chicas alabaron el buen gusto que habían tenido al decorar la cochera y… ya no sabían cómo debían comportarse. Fue Carlos el lanzado: les preguntó qué les apetecía beber, con alcohol o sin él. La mayoría pidieron refrescos sin alcohol, excepto Filomena, que pidió vino. Daniel puso el tocadiscos con una canción animada de Los Pekenikes. Aquello empezaba a funcionar. Se sentaron para comer las viandas y aperitivos que habían llevado. María Luisa bailaba sola, muy pronto la acompañó Álvaro; Andrea no quitaba ojo a Daniel, quien prestaba más atención a los discos que a las chicas. Se sentía muy responsable y protagonista de que la música fuese lo mejor del guateque.

Su discografía era variada, sonaban: Los Amaya, Tequila, Nino Bravo, Los Módulos, Manolo Escobar, Serrat y grupos, que no se entendía lo que decían, pero su música era genial como: Elton John, Los Queen, Los Beatles, Abba. En el momento en que estaba animado el guateque, puso un twist del Dúo Dinámico. Era genial cómo contorneaban todas sus caderas, cada uno demostrando sus conocimientos y habilidades acrobáticas. Agotados del twist, fueron a beber. Las chicas ya se permitieron bebidas con alcohol. Esto funcionaba, sin embargo, Andrea, que se lo pasaba bien, quería pasárselo muy bien, por supuesto con Daniel. Ocurrió el milagro. Empezó a sonar una canción lenta de Adamo, y Daniel pidió a Andrea que bailase con él. Bailaron muy juntitos. Por supuesto, ella puso los brazos haciendo palanca, pero se relajaba cuando la apretaba Daniel. Mientras bailaban no hablaron, no hablaron nada, ella respiraba profundamente y él aceleradamente.

Terminada la canción, Daniel la invitó a que se sentaran en una alpaca cerca del tocadiscos, sacó un paquete de cigarrillos de Ducado. Le ofreció uno, que ella aceptó. Iba a ser el primer cigarrillo de miles que vendrían después, con una diferencia: pronto se pasaría al tabaco rubio. Al principio tosió, pero pronto se hizo con la práctica. En cuanto a la bebida, Andrea no sabía qué tomar, se dejó aconsejar. Daniel le sirvió un vaso grande con poco de Licor 43 y una Mirinda de naranja; ya no recordaba nada de lo que su padre la había dicho mil veces, estaba encantada, alegre, el alcohol la desinhibió, se sentía muy habladora, cariñosa, hasta bailó dos bailes con Álvaro, estando pendiente de cada movimiento de Daniel. Era correspondida con las miradas. Cuando se acercaba la hora de irse a casa, ayudaron a recoger. Ya en la calle, Daniel se acercó a Andrea y la susurró al oído:

-    Me gustas mucho.

Este sería su secreto. Se despidió de sus amigas y se fue para la casa. Estaba en silencio, ya se habían acostado todos, no era tarde, serían las once de la noche, estaba un poco mareada, se lavó los dientes, se puso su camisón, cogió el libro. Metida en la cama, no podía leer, no se concentraba, solo pensaba en Daniel. Pensando en él, se quedó dormida.

A las ocho de la mañana, Lucía llamó a Andrea para desayunar con toda la familia. Le costó levantarse, le dolía la cabeza, el cuerpo no respondía, hizo un sobreesfuerzo y se presentó en la cocina a desayunar.

—Buenos días –dijo Andrea, esbozando una sonrisita.

—Buenos días –contestaron sus padres y hermana.

—¿Cómo te lo pasaste ayer? –preguntó Arsenio.

—Muy bien –respondió Andrea. Y contó lo bonita que estaba la cochera, detalló todo: cómo iban las chicas vestidas y cómo Álvaro iba con unos pantalones demasiado cortos para su gordura; y lo moderna que iba Carmen. Contó lo bien que sonaba el tocadiscos y que bailaron mucho suelto, que en pareja no habían bailado (mentira piadosa, para evitar dar detalles). Que todos se lo pasaron estupendamente. Ah, que el embutido de su madre les había gustado mucho (mentirijilla, para complacer a su madre). Arsenio estaba satisfecho a medias de lo que contaba su hija.

—¿Fumaste o bebiste alcohol? –preguntó directamente.

Andrea no contestó, levantó los hombros, no quería mentir, pero tampoco decir la verdad. Pensó que el silencio o el movimiento corporal sus padres podrían interpretarlo. Lucía la miró con reproche y dijo:

—Lo sabía, sabía que ibas a caer en la tentación.

Arsenio tomó la palabra:

—Andrea no me gusta que bebas alcohol ni fumes, pero si fuese así, no te escondas y fumes a escondidas, fuma delante de mí. Sabes que el tabaco es un vicio malo y caro. Y cuando bebas, ten cuidado con quién estás, por eso de perder la voluntad de tus actos. Y ahora, date prisa en desayunar y vestirte, tienes que ayudar a tu madre a hacer el queso y después sacaremos los caballos. Organízate pronto.

Andrea, obediente, después de hacer su habitación se puso el delantal, y rápidamente se colocó en la quesera para ayudar a su madre. Tenía que hacer los quesos a la perfección. Lucía con un ojillo la observaba mientras ella continuaba con la elaboración de los quesos, que hoy había que realizar. Terminaron, y el paso siguiente era fregar todo, dejarlo limpio para el día siguiente. Del fregado salió agua con suero, que Andrea aprovechó para remojar pan duro y dar de comer a los perros. *Canela, Caín, Zeus* y *Apolo* se relamieron sabiendo cómo les mimaba y cuidaba Andrea.

Los caballos ya estaban preparados, ella se puso sus botas de montar. Sin oír a su padre, decidió coger a Coraza, dejando a Sultán para Arsenio. Este la miró y le sonrió; hoy tenían que trotar con los caballos, tenían que prepararlos para un encierro que Arsenio había previsto. Los acompañaban *Canela* y *Caín*. Andrea disfrutó muchísimo, mantenía una comunicación con Coraza inexplicable, se entendían asombrosamente.

El verano pasó muy rápido. Andrea compaginó las tareas que su madre le decía y las que su padre le imponía, tuvo tiempo para fiestas, baños en el río y pozas, misas los domingos, visitar a las titas, leer el periódico local con ellas, que siempre comenzaban por la última página (costumbre que había adquirido Lucía) y por supuesto rezar el rosario con ellas, hacer peticiones por los muertos, jamás por los vivos, algo que Andrea nunca entendió. Había que pedir por los vivos, que tenían más peligro; los muertos ya estaban muertos.

Con sus amigas hacían obras de teatro en la arboleda del pueblo. Andrea se llevaba a su hermana, a la que siempre le tocaba el papel de niña pequeña.

Arsenio estaba muy contento con su hija, la vitalidad que demostraba era envidiable, el buen carácter era asombroso y sus cabezonerías, argumentadas, según ella, no tenían parangón. Arsenio, consideraba que el resultado de su hija era lo que él se había propuesto. Bueno, casi todo, la educación refinada era de Lucía y del Colegio.

Ya estaba convencido de que su hija tendría que hacer una carrera universitaria, y él también lo había elegido: Filosofía y Letras. ¿Por qué? Pues porque estaba de moda y daba prestigio a las familias. Arsenio no sabía en qué consistía la carrera, pero sí conocía el prestigio de estudiar esa carrera, y añadía en su pensamiento que era una carrera que estudiaban chicos y chicas, por lo tanto, tenía que ser buena para su hija. Razonaba así porque para él era fundamental la educación mixta, el contenido sería interesante, pero lo importante era que hubiese ambos sexos, y por supuesto el prestigio.

El verano terminó, se pasó rapidísimo para Andrea. Su padre la llevó al colegio, esta vez su madre no fue; tenía mucho trabajo que hacer en la casa.

Arsenio estuvo todo el viaje hablando, recomendando, apuntando sobre la responsabilidad con los estudios y hasta se atrevió proponer a su hija algo que no había comentado con su mujer ni con nadie.

—Andrea, hija –dijo Arsenio–, he pensado que quizá te exigimos mucho, demasiado. Todo es por tu bien. Cuando naciste, yo quería un varón, sin embargo, apareciste tú. Hoy me siento muy satisfecho, porque desde niña has mostrado habilidades sobradas para el campo, los animales y los vehículos. Porque sabes relacionarte muy bien, por todo esto y algo más que se me olvida, creo, estoy convencido, de que es bueno para ti terminar este año sexto con reválida y dedicarte de lleno a la agricultura y la ganadería. Creo que es una idea estupenda. No me contestes ahora, piénsatelo, reflexiona y ya me dirás.

Estas eran las contradicciones de Arsenio. Primero su hija debía hacer una carrera universitaria, que diese prestigio a la familia, y ahora priorizaba que fuese la encargada y futura gestora de sus negocios.

Era increíble, su padre era increíble, su padre pretendía que ella siguiese la trayectoria familiar. La desconcertaba. Entendía cómo su padre hablaba en voz alta, sus pensamientos, también sabía que respetaría sus decisiones, aunque estuviese horas sin hablarle porque no las compartiera, después se le pasaría y haría suyas las decisiones de su hija. Así era Arsenio.

Andrea alucinaba. Si su madre hubiese escuchado esto, hubiese mandado parar el coche y habría estallado una gran tormenta verbal. Ella ya conocía cuál iba a ser su futuro, no lo había compartido con nadie, su responsabilidad era estudiar y sacar buenas notas. Su futuro lo decidiría ella.

No contestó nada a su padre, lo miró y le sonrió, quiso hablarle con los ojos, pero Arsenio, no la miró a ella. Intuía lo que su hija hablaba sin palabras. Sabía de la discreción de su hija, no se lo contaría a su madre, porque si se lo contaba se iba a armar la Guerra de San Quintín.

"Las decisiones son las bisagras del destino".

EDWIN MARKHAM

9. LA DECISIÓN DE ANDREA

El encuentro con sus amigas del colegio, las monjas y curas, fue estupendo. Tenía tantas cosas que contar que no iba a tener tiempo suficiente para relatar sus vivencias de las vacaciones.

La disciplina en el colegio aumentó, sobre todo aumentaron las horas de estudio. Esto producía bastante rebeldía en el grupo de sus amigas.

Sus amigas y ella empezaron hablar de su futuro, unas se dedicarían a la Enseñanza; otra muy segura se dedicaría a Turismo, porque tendría un hotel propio; una de las amigas haría Filosofía y Letras, decía que la apasionaba la Filosofía, contaba que era clave para responder cuestiones de interés para el ser humano como la existencia, la verdad o el conocimiento. "Interesante", pensaba Andrea, "Complicado buscar tantas respuestas a preguntas difíciles", razonaba.

Fue su turno. Convencida y segura, desde hace tiempo había tomado la decisión: ella sería enfermera, y se iría a alguna misión humanitaria.

Fue la primera vez que lo dijo, sabía que sus amigas la entenderían. Se aligeró su sentir. Ahora solo quedaban sus padres, ojalá aprobasen su decisión, que por supuesto no era cambiante.

Andrea les contaba a sus amigas lo que le parecía interesante de su vida en el pueblo y que ellas no practicaban: los encierros a caballo, con toros de gran peso y muy bravos; las corridas de toros en las plazas de los pueblos, en los que ella salía con su padre con capote compartido para dar unos muletazos. Cómo había ido a ver una corrida de toros espectacular, donde toreaba Manuel Benítez "El Cordobés", Francisco Rivera "Paquirri" y Pedro Gutiérrez "Niño de la Capea". Que llevaron una gran merienda y la bota de vino, que ella ya había aprendido a beber en bota de vino, que a su madre no le gustaban las corridas de toro normales, solo le gustaban las corridas de rejoneo (que eso sí era arte). Los guateques en la cochera y su amor por Daniel.

Pasaron los meses, vacaciones de Navidad, Semana Santa, los exámenes y la finalización del curso y del Colegio.

Andrea y su grupo organizaron un desfile de lo más simpático para su despedida. Vestidos de pata de gallo (con patas de gallo de verdad); la última innovación, el hábito de monja en azul Índigo; la minifalda escandalosa, realizada con bufandas; la capa española, realizada con múltiples retales; La Chaqueta Imperdibles, realizada con cientos de imperdibles, incluidos los imperdibles de las faldas inglesas; La Nodriza y el carro de bebé, ocupado por una alumna, divinamente ataviadas; el vestido Huevo, con sombrero combinado, realizado con cascaras de huevo. Fueron muchas las modelos que desfilaron. Andrea presentaba el desfile y hacía una minuciosa descripción del traje con que la modelo desfilaba con sarcasmo e ironía.

Fue un curso de mucho trabajo y mucha diversión, pusieron el colofón con el desfile, el cual, además de las alumnas del colegio, pudieron disfrutar los padres.

Aquel grupo de amigas, que en su día se creían insolubles, se despidieron, sus contactos fueron mermándose hasta perderse la pista de cada una de ellas.

Es curioso y agradable, que, gracias a la tecnología, después de cuarenta y tantos años, algunas de las amigas hayan vuelto a reencontrarse, contarse sus vidas y ayudarse, con mucho cariño.

Toda la familia de Andrea estaba presente en el desfile. Las monjas organizaron un aperitivo en el patio del colegio, lo que permitió que los padres se saludasen e intercambiase opiniones con las monjas y los curas.

Terminado el convite, Andrea se despidió de sus profesores, con lágrimas y llanto de sus amigas, con dolor al decir adiós a aquel colegio de grandes piedras, grandes dormitorios, grandes patios, grandes momentos y gran formación. Ya era mayor y no volvería al colegio que la hizo madurar y aprender a socializar con grandes y pequeños seres humanos. Fue un adiós triste, que sus padres y hermana no entendieron.

Su padre, Arsenio, siempre decía: "Hay que mirar, hacia delante; el pasado, pasado está".

Sumida en una gran tristeza, subió al coche. Su padre estaba loco de contento, todo había sido fantástico: su hija ya podía empezar la Carrera Universitaria o, quizá, decidiese quedarse en el campo, trabajando en la agricultura y la ganadería. Se podría casar con alguien del pueblo y aumentar su herencia. Mentalmente eso pensaba Arsenio. En el caso de Lucía, su pensamiento estaba centrado en que por fin su hija haría una Carrera Universitaria y se marcharía del pueblo. Ninguno de los dos le había preguntado a Lucía. Ellos individualmente ya veían el futuro de su hija de diferente forma.

Después de deshacer el equipaje, saludar a sus animales, mantener una conversación con Félix de lo mal que se sentía, y verse entendida por él, cenó, ayudó a recoger y se fue a la cama. Ahora estaba leyendo *Crimen y Castigo*, del escritor ruso Fiódor Dostoyevski.

El día amaneció con calor seco. Lucía había preparado un gran desayuno, churros con chocolate, en honor a Andrea. Esta se sorprendió, porque este era el desayuno de domingos y festivos, y su sorpresa aumentó al ver a sus padres sentados en la mesa, sin su hermana. Tuvo la sensación de que con los churros y el chocolate vendrían más sorpresas. Su intuición casi nunca fallaba, observaba el ambiente, las caras, sobre todo la de su padre, y con un porcentaje muy alto sabía lo que podía suceder.

Arsenio devoraba el desayuno, se le notaba ansioso. Lucía desayunaba pendiente de todo. Andrea priorizó el rico desayuno sin pensar que vendría después.

—Estamos aquí los tres para hablar de tu futuro –dijo Arsenio, de forma muy pausada–. Hoy, tenemos que decidir qué es lo que quieres hacer con tu vida. Antes que tu opines, te diré lo que a mí me gustaría que hiciese, y tengo dos opciones, bueno son tres las opciones con las que cuento:

1. Quedarte en el pueblo, trabajando en la agricultura y ganadería. Tienes cerca la capital y tendrás tu propio coche, cuando te examines del carné de conducir.

2. Estudiar la carrera Universitaria de Filosofía y Letras. No sé muy bien de qué trata, sé que da mucho prestigio a las mujeres y a las familias.

3. Decidir por ti sola. Eres testaruda, imaginativa, soñadora, valiente, y sabrás elegir adecuadamente tu futuro. Te apoyaremos en tu decisión, estás preparada para elegir tu destino, con plena libertad.

Lucía, tomó la palabra.

—Hija me gustaría que estudiases Magisterio. Ya sabes que yo no pude terminar, por culpa de la madrastra. Está muy bien pagado, tienen muchas vacaciones, te permite seguir estudiando, eres independiente económicamente, puedes seguir leyendo, puedes elegir la ciudad que te apetezca. Es una carrera muy femenina.

Andrea pensaba mentalmente con la rapidez de un rayo.

—Por nada del mundo elegiría el de quedarme en el pueblo, esto requiere mucho trabajo, ocasiona miles de disgustos, siempre pendiente del calor o la lluvia, de las enfermedades de los animales, no existen días festivos y la recompensa es pequeña, el mundo se estrecha mucho, aquí, te relacionas con la misma gente y vas perdiendo hábitos culturales

Su madre, reforzaba su parecer.

—Ves que tu padre y yo, no estamos de acuerdo en las opciones. Yo solo te propongo una opción, que es según a mi entender la más interesante.

Andrea bebía agua, los churros le habían dado sed, las palabras de sus padres aumentaban la sequedad de su garganta. Se sentía nerviosa, quería expresarse bien, para no herir a sus padres.

Estaba muy agradecida a su padre, por educarla sin tener en cuenta el género, por animarla continuamente, por creer siempre en ella, con esa muletilla continua: "Lo que pueden hacer los demás, lo puedes hacer tú".

Por sentirse orgulloso de su hija; porque Arsenio cambió con su hija, quería que fuese independiente, quería que fuese fuerte, había invertido toda su energía para hacer de Andrea, una mujer valiente. Nadie hubiese pensado el giro que Arsenio dio en sus pensamientos y forma de actuar, al tener una hija.

Estaba agradecida a su madre, Lucía le enseñó que en esta vida trabajar tiene su recompensa, que no se creyese más lista que los demás, porque el conocimiento es infinito, que la educación es el pilar fuerte de un ser humano, que lee, te transporta a viajes y situaciones increíbles, que siempre debes mantener respeto por las personas, y que debes de vestir adecuadamente para las distintas ocasiones.

Los dos, Arsenio y Lucía, le inculcaron desde muy pequeña, que, en esta sociedad, los valores, priman más que el dinero, que la tolerancia fuese un icono en su vida, que respetase la condición, color, raza de las personas y que ayudase a todo aquel que lo necesitase.

En estas cuestiones, los dos estaban de acuerdo, Andrea, se sentía muy identificada con las consignas de sus padres.

Andrea realizó un suspiro y comenzó nerviosa a hablar.

—Madre, padre, quiero ser enfermera. Es mi deseo, lo tengo pensado desde hace muchísimo tiempo. Sé lo dura que es esta profesión, pero esta es mi decisión; algún día me gustaría ir de misionera, allá donde me necesitasen. Estudiaré. Sé, porque ya lo he preguntado, que debo estar un año interna en la Escuela de Enfermería de la capital, estoy acostumbrada y eso no me preocupa, tengo que hacer prácticas antes del examen, en el Hospital Universitario, para que los tutores puedan valorar mis actitudes. He pensado que, si resultase muy caro mis estudios, podría cuidar niños por horas, para ayudar.

Arsenio y Lucía se quedaron sin palabras y sin expresión. Su hija mayor pensaba por los dos, era decidida, reflexiva, iba por delante, ya había previsto lo que había que hacer, para ser aceptada en la Escuela de Enfermeras de la capital.

Lucía reaccionó rápido, su querido primo Eloy era muy importante en la capital: además de ser director en un Banco, era el presidente del club de fútbol en primera división de la capital. Mercedes, su esposa, era un encanto de mujer, muy refinada, atrevida y con una vida social increíble. Tenían un hijo, Víctor, guapísimo, pero muy mal estudiante.

Su primo siempre le había dicho a Lucía que cuando necesitase algo, recurriese a él, y este era el momento. Lo llamó por teléfono, le contó lo de su hija, pidió permiso para visitarlos al día siguiente y en un santiamén organizó con Arsenio y Andrea el viaje a la capital.

A cuatro kilómetros de la capital, tenía su gran mansión o chalet el primo Eloy. Eran las dos de la tarde de un día en el que el sol castigaba fuertemente.

Les recibió la gobernanta de la casa. Con mucha amabilidad los acompañó al porche, donde se podía apreciar un jardín precioso, con un olor floral, frutal, refrescante, rodeado de un césped verde intenso con una apariencia lustrosa y de fina textura. En la parte derecha del jardín se veía una grandísima piscina, con un agua cristalina y azulada, rodeada de hamacas y maceteros con geranios rojos.

Era entrar en otro mundo. Arsenio se impresionó, Lucía ya sabía de la existencia de cómo viven los ricos. Andrea observaba, observaba atentamente, era como vivir una historia de sus libros.

Rápidamente, una señora del servicio apareció con tres vasos y una jarra de agua con limón muy fresquita. Lucía y Andrea muy agradecidas, Arsenio decepcionado, le gustaba poco el agua y menos con trozos de limón.

La espera no se les hizo larga, tenían muchas cosas donde fijarse, donde disfrutar solo con la mirada e imaginarse mil historias. Sobre las tres menos cuarto apareció Mercedes, elegante, agradable, sonriente, cariñosa, rubia, de estatura normal, complexión delgada, vestía un vestido camisero y zapatos color beige de medio tacón, llevaba una pulsera de oro en la mano derecha, un magnífico reloj de oro de la marca Longines. En sus delicados dedos portaba un anillo con un brillante que deslumbraba.

A Arsenio le gustaba Mercedes, no por lo que aparentaba, sino por cómo era: no le daba importancia a la vida que llevaba, su amabilidad y sonrisa permanente hacía que se olvidase, que era una mujer dedicada a complacer al marido en todas sus peticiones. Lucía envidiaba el tipo de vida que llevaba, su relación con ella era inmejorable. Andrea la conocía poco, estaba asustada. En sus años no había conocido ni casa ni señora con estas características. Mercedes, dándose cuenta de que Andrea estaba un poco incómoda, se acercó a ella:

—Andrea, te vas a sentir muy bien con nosotros, tendrás tu dormitorio, el tío Eloy ya habló con Sor María (Hermana de la Caridad, que dirigía el hospital Clínico). Siempre quise tener una niña; esto es un regalo para mí. Siéntete cómoda. Iremos de compras, necesitas vestuario, ya que tenemos una vida social intensa, por las responsabilidades de tu tío Eloy.

—Gracias por todo, tía Mercedes –contestó Andrea–. Intentaré adaptarme pronto, todo esto es muy novedoso para mí. Me siento nerviosa, me cuesta asimilar todo lo que veo, es como un sueño que se hace realidad, deberéis tener paciencia conmigo y por favor estoy dispuesta a aprender, pero necesito que me enseñéis.

Mercedes los invitó a pasar al comedor, donde una flamante mesa, vestida al completo con vajilla floral, grandes cubiertos y varias copas para cada comensal, volvió impresionar a la familia Torres Rubio.

Llegó Eloy, en traje, repeinado, con autoridad, rápidamente abrazó a Lucía, un abrazo de los que nunca se terminan. Arsenio observaba, Lucía seguía impresionada. Un apretón de manos dedicó Eloy a Arsenio y cientos de besos a Andrea.

—Cómo me alegro de verte, querida prima, eres la prima más guapa y con estilo del mundo. Tienes una hija preciosa, se la ve muy decidida, no me gusta mucho que haya elegido ser enfermera, pero bueno es su decisión. Es una profesión muy dura, abnegada, cuentan muchas historias de los hospitales, de médicos y enfermeras, casi ninguna es buena. Si está convencida, la ayudaré en todo.

Con voz potente y rápida, Eloy le dijo a su prima lo que pensaba.

—Querido primo Eloy, no debes preocuparte. Andrea sabe lo que quiere, es responsable y te maravillaría saber lo que sabe hacer, su padre es el responsable de que ella se crea capaz de solventar las más adversas situaciones, quizá le falte mundo, cómo vestir, cómo socializar con gente conservadora, que tienden a dar por buenas las costumbres y los modos de hacer que han sido practicados durante mucho tiempo y desconfían de las novedades. Andrea es estable emocionalmente, sabe gestionar los momentos difíciles o estresantes, este tipo de situaciones no le producen un impacto en su manera de pensar, sentir y actuar. Tiene que crecer mentalmente, ella está dispuesta siempre aprender. Estoy convencida de que absorberá como una esponja lo bueno, aunque debido a su valentía, cometerá muchos errores, que tendrá que subsanar. Es obediente, siempre que considere que es justo lo que se le pide. Es alegre, sus emociones tristes las guarda en un armario interior de su cuerpo.

Lucía dio unas pinceladas sobre la personalidad de su hija a su primo, que también eran escuchadas por Mercedes.

Arsenio estaba maravillado por cómo se expresaba su mujer. Comenzaron a comer, de primero una sopa de tomate con albahaca, seguido de unas hermosas gambas a la plancha y como plato principal besugo al horno acompañado de patatas asadas. De postre tarta de limón y sandía. Cuando estaban terminando de comer apareció Víctor, guapetón, rubio, alto, cariñoso, saludó con un beso a sus papás, con un abrazo a Lucía y Andrea y un apretón de manos a Arsenio.

Eloy le echó una mirada fulminante de reprobación. La mirada de su madre Mercedes fue de benevolencia. Se sentó a comer tranquilamente, la señora doméstica Pepa le sirvió con agrado, acompañado su comida de una bebida de cola.

Arsenio no entendía nada, además estaba muy, muy cabreado, solo había comido la sandía y pan, parecía que le habían preparado la comida para que él no comiese, con el rico lechazo que existe y tienen que poner besugo, su pensamiento volvió a lo que pensaba siempre: "Todos los barcos de pesca se tenían que hundir". Su cara reflejaba el cabreo que tenía. Eloy no le dio importancia, le invitó a café, acompañado de un puro cubano. Arsenio cambió su semblante, decidió que el bien de su hija merecía un sacrificio por su parte.

Esta gente rica y de capital chulean mucho, todo es aparentar y comer lo más raro del mercado, eso sí, educar, educar no saben, el habría dejado sin comer al niñato de Víctor, por el poco respeto a sus padres, a ellos y a la señora Pepa, aparte de haberle impuesto un castigo. No era su casa, pero su hija se iba a quedar dos meses allí y no quería que la malcriasen, estaría atento, tendría que hacer más viajes a la ciudad para controlar cómo evolucionaba el comportamiento de su hija.

Cuando Eloy y Mercedes decidieron que era la hora de la siesta, Arsenio entendió que los despachaban, y con un movimiento de cabeza le dijo a Lucía:

—Vámonos, tengo mucho trabajo pendiente en el pueblo.
Se despidieron de los primos, abrazaron a Andrea. Arsenio nunca pudo llorar. Se ahogaba con esto es lo que le sucedía ahora, ahogado de dolor porque se desprendía de su hija. Lucía le dio las últimas recomendaciones de conducta, convencida y contenta que este era el mundo que ella quería para su hija.

*"Hay una fuerza motriz más poderosa que el vapor,
la electricidad y la energía atómica:
la voluntad".*

ALBERT EINSTEIN

10. EL GRAN CAMBIO PARA ANDREA

De niña a mujer, Andrea tiene que superar muchos obstáculos e inconvenientes, son muchas las noches que, agarrada a su almohada, llora y llora, hasta que de cansancio se queda dormida. Los cambios suelen implicar dejar atrás lo conocido e introducirse en algo nuevo.

En la mayoría de las ocasiones, salir de la zona de confort nos provoca incertidumbre, miedos, dudas, inseguridades. Sin embargo, cuando algo anhelas, los cambios nos permiten progresar, aprender y conocernos.

En este cambio voluntario se encontraba Andrea, en un ambiente y una familia que distaba enormemente de la suya. Una familia donde el orden del día lo marcaba los actos sociales, donde se servían tres platos de comida, donde las señoras encargadas de la casa no te permitían ninguna tarea del hogar, donde debías seguir un protocolo de vestuario acorde al lugar al que asistías, donde el dinero perdía todo el valor, porque poseían mucho y, como decía el tío Eloy: "El dinero está para disfrutarlo".

Fue un lunes a las ocho menos cuarto cuando el chofer Germán la dejó en la puerta principal del Hospital Clínico de la ciudad. Portaba un sobre con una carta que su tío Eloy le había encargado para entregárselo a Sor María.

Sin saber por dónde ir en aquel inmenso edificio de techos altísimos y laberínticos recorridos, con baldosas enormes color marfil, un sinfín de puertas y varios pisos. El olor a éter la embriagaba; pronto dio con una puerta de forma oval que ponía capilla, dos puertas más adelante, un letrero indicaba: Sor María. Directora de A.T.S. Llamó suavecito, con tres golpecitos, una voz fuerte y seca la contesto:
—Pase.

Con miedo interior, que no exteriorizaba, se encontró con la monja Mandamás. Seria, ojos grises, rictus de enfado, grandes cejas, vestida con el uniforme de las Hermanas de la Caridad, pero en color blanco, en lugar del azul, que es el habitual, y toca azul.

Andrea, se atrevió a preguntar:

—¿Es usted Sor María? Traigo una carta para usted de parte de mi tío Eloy.

—Sí –secamente, respondió la monja–. Te estaba esperando, enseguida vendrá Sor Menchu, te enseñará el Hospital y te pondrás a aprender lo necesario. Antes, te tengo que advertir de que está prohibido llevar las uñas pintadas, prohibido los pantalones, el pelo recogido, ningún colgante en el cuello ni pulseras en las muñecas, no se permite el maquillaje, ni pintura para los ojos y labios. Realizarás las prácticas supervisadas y se penalizan las iniciativas propias. Tus prácticas serán de ocho de la mañana a tres de la tarde. Si quedase trabajo pendiente, estás obligada a quedarte hasta finalizarlo. Se te proporcionará un vestido camisero, con un delantal, que debe quedarte por debajo de la rodilla. Si lo acortases, serás expulsada. Los zapatos los tienes que traer tú y serán blancos. Por último, a todas las Hermanas, médicos y enfermos, les tratarás de usted. Confío en que no me defraudes, tu tío Eloy es muy generoso con el Hospital y no me gustaría tener un desencuentro con él por tu culpa.

Andrea quería asimilar todo lo que Sor María le había explicado. Era imposible. Se hizo un resumen rápido. Todo estaba prohibido. Tendría que observar mucho y aprender a gran velocidad, por ningún motivo quería ser expulsada y mucho menos que sus sueños terminasen por la dureza de las palabras de la directora.

Como en un acto de magia, apareció Sor Menchu, piel clara, ojos azules, rictus sonriente, actitud entrañable, con voz serena, dio los buenos días y se presentó a Andrea. Pidió permiso a Sor María para retirarse, se dirigió a Andrea y le indicó que la siguiese.

Según iban caminando, Sor Menchu, iba explicando que

el hospital tenía forma rectangular, alrededor de un patio hermoso, que en las esquinas del rectángulo se encontraban los quirófanos, que en la zona hospitalaria existía un gran pasillo central y estaban diseñadas en cruz, con dos alturas y el sótano, que en el primer piso, se encontraban las salas de San Juan, San Pablo, San Evaristo y San Jorge, dedicadas a enfermos varones y en el segundo piso, se hallaban Santa Adela, Santa Cándida, Santa Águeda y Santa Rita. Cada una de las salas contaba con 36 camas y en un apartado del segundo piso existían boxes para tres o cuatro enfermos o enfermas, siempre separados por sexo. Se ingresaban o atendían a enfermos de beneficencia, asegurados y privados, que a todos se les cuidaba igual, sin distinción del régimen por el que se rigiesen.

En el sótano estaba la Farmacia, los Rx, la capilla y los despachos del director general, la directora de la Escuela de A.T.S, un despacho un poco más amplio, donde por la mañana, tarde y medianoche se servía café con galletas para los trabajadores. Y no podía olvidar la caseta en el patio, del personal de mantenimiento, según Sor Menchu imprescindibles en el Hospital.

Andrea se sentía muy bien con Sor Menchu, aunque ella era pésima con la orientación, el pensar en el rectángulo y en los Santos y Santas, hacía que facilitase su situación orientativa.

—Hoy está siendo un día con mucha información para ti –dijo Sor Menchu–. Te voy a enseñar todo sobre los cuidados a los enfermos, aquello que no entiendas, no dudes en preguntar, es mejor pecar de prudente que cometer un riesgo innecesario. Estas son las prácticas obligatorias para el examen de seleccionar a las aspirantes, que, en total, este año contará con 267 plazas. Confío plenamente en ti, esfuérzate y si consideras que tienes vocación y habilidades, ¡adelante! Pero si ves que esta no es tu profesión, por favor, déjalo, dedícate a otra cosa que ames.

Andrea no sabía qué decir. Ella quería ser enfermera, lo

tenía muy claro, no tenía dudas; lo único que no le gustaba es que a las enfermeras se les llamase Ayudante Técnico Sanitario, era el único *pero* que existía. Aceptó las palabras de su tutora, con cierto desconcierto y molesta, no había sabido transmitir que lo que ella quería era ser enfermera.

—Antes de ir a pie de cama, a la sala de San Jorge –dijo Sor Menchu–, debes conocer las cualidades o características de una buena enfermera, según mi experiencia. Mañana te lo daré por escrito, para que lo analices y lo pongas en práctica, hoy te lo diré. Debes tener arte o habilidades de comunicación. Es tan importante escuchar, como hablar, siempre con muchísimo respeto. Debes ser flexible en cuanto a las horas de trabajo. Los turnos son duros y a veces se alargan por circunstancias imprevistas, tenlo en cuenta.

Debes tener habilidad en entender y compartir el dolor, los sentimientos y las experiencias de los enfermos. Es imaginarte a ti mismo en la piel de otro. Importante, importantísimo: una enfermera debe tener estabilidad emocional. Este es un trabajo muy duro, donde el sufrimiento y la muerte están a la orden del día, hay que aceptar estas situaciones y que no afecten a la actividad diaria. Debes tener buenas relaciones con el resto de los profesionales del hospital. Esto es una cadena, donde todos los eslabones son importantes, muy importante, la cadena no puede romperse. Debes comer y dormir bien, pues esta profesión te exigirá un esfuerzo físico increíble, muchas horas de pie, mover a los enfermos, trasladarlos y mil tareas que realizar. Es obligatorio tener buena forma física. Debes mantener la cabeza fría para resolver situaciones complicadas o inesperadas, tener habilidades para resolverlas y anticiparse para evitar situaciones que no tengan solución. No es obligatorio ir con una sonrisa forzada, sí es obligatorio ser amable y respetuoso con los enfermos y los compañeros de trabajo. Si ejerces la amabilidad y el respeto, te será devuelto con creces.

Andrea, con ojos humedecidos, recordó la educación de

sus padres, de ambos: amabilidad, esfuerzo, entender a los demás, no despreciar, saber escuchar y hablar con respeto. La cabeza le iba a explotar, pensaba rápido muy rápido, la suerte que había tenido con Sor Menchu, que opinaba como sus padres, unos en el ámbito de vida en general, ella para resaltar las cualidades de una enfermera.

—Antes de ir a San Jorge, vamos a tomarnos un café con galletas –dijo sor Menchu.

Allí se encontraron con más monjas, algún médico, un catedrático, gente de mantenimiento y con el cura Bernardo. Su tutora la presentó como la nueva aspirante A.T.S y todos muy amables la saludaron, diciendo su nombre, del cual es imposible acordarse. El café estaba malísimo, se amortiguaba su sabor amargo con las galletas. No duró mucho este pequeño desayuno, pronto se dirigieron a la sala de San Jorge. Cuando entraron, el olor a medicamentos, éter, lejía y algún olor mas no identificado, resultaba muy fuerte para la pituitaria de Andrea, aunque no cambió el rictus de su cara, pues pensó que ya se acostumbraría.

La recibieron Sor Carmen y Sor Montse delante de un hervidor de jeringas de cristal. Se las notaba muy atareadas y acaloradas.

—Eres bienvenida, no podemos pararnos, aún queda mucho trabajo pendiente.

Sor Menchu, comprobó un estadillo de tareas y dijo:

—Andrea y yo iremos a lavar y atender a los cuatro enfermos que quedan del aseo y de sus tratamientos, no os preocupéis.

Así, comenzaron sus prácticas, lavando con Sor Menchu a cuatro enfermos de arriba abajo, incluidas sus partes íntimas (el buen hacer y saber de Sor Menchu hizo que Andrea no se ruborizase al ver un hombre desnudo, la naturalidad con que la monja lo hacía permitió a Andrea actuar con normalidad) llamándoles por su nombre a los enfermos con el usted por delante; haciendo la cama. No se cambiaban las dos sábanas, la de arriba se ponía abajo, a lo sucio se echaba la de abajo. Los enfermos eran muy amables y querían mucho a Sor Menchu, rápidamente entendieron que Andrea estaba en prácticas.

Julio, que era el más joven y locuaz, alegre, fue el que la dijo:

—Andrea, cuando usted haya aprendido a poner inyecciones en un cojín, me presto voluntariamente para que me ponga su primera inyección.

Y así fue. Días más tarde, después de practicar mucho con un cojín, duro, durísimo, el pompis de Julio estaba a su entera disposición para practicar de verdad, bajo la supervisión de Sor Menchu. No se le olvidaría nunca a Andrea, ese culo, como agradecimiento eterno. Fue la primera inyección, fue una prueba superada, fue la confirmación de que le gustaba lo que hacía.

Eran las tres y veinte de la tarde. Sor Menchu avisó a Andrea, que estaba colocando las sábanas limpias, que llamaban de recepción, que el chofer había llegado. Con cierto sarcasmo burlón, las monjas le dijeron:

—Marquesa, su chofer la espera, no le haga esperar.

Andrea, irritada, enojada, entendiendo el pitorreo, se despidió con un "hasta mañana".

Tendrá que hablar con Germán y quedar a escondidas para que la recoja, no quiere que se repita este número. Ella se adapta a las normas del tío, ya le propuso coger el bus, su tío no aceptó, le parece humillante que la fueran a recoger.

Cuando llega a casa del tío Eloy, estaban en los postres. Está contrariado, no recrimina a Andrea, recrimina al hospital, una niña en prácticas, el primer día y ya están abusando de ella. Andrea resume lo que realizó y justifica su salida tarde por la cantidad de trabajo; aprovecha para decir delante de toda la familia que prefiere coger el bus y que Germán no la recoja, si es posible. Un rotundo "no" tiene de respuesta. El tío le dice que en su casa él impone las normas y Germán seguirá llevándola y trayéndola a casa. Punto final.

La siesta es obligatoria, hoy más que nunca agradece esa costumbre tan sana, se siente cansada, necesita hablar con sus padres por teléfono, tiene muchas cosas que contarles, esta tarde será prioritario hacerlo.

Sus deseos no se cumplen. Hay un importantísimo Campeonato de fútbol y toda la familia debe asistir. La tía Mercedes se encargó de comprarle un vestido de punto de verano, en un rojo vivo de media manga y bastante por encima de la rodilla. El vestido llevaba un cocodrilo bordado, era de la marca Lacoste, muy de moda (para quien se lo pudiese costear). Lo acompañaban unos mocasines de tacón pequeño, con una cadenita delantera. Eran preciosos, en color beige de piel. Andrea se sentía como una princesa, se le olvidó llamar a sus padres, se le olvidó todo: lo importante era estar guapa para el Campeonato.

Toda la familia, incluido el primo, estaban elegantísimos. El tío Eloy había dicho mil veces que quería a toda familia arregladísima, en el estadio se encontrarían con gente de la alta sociedad de la capital, todos muy influyentes.

Germán los llevó hasta la entrada principal del estadio, otra sorpresa para Andrea: ni se imaginaba un estadio, ni se imaginaba que tantísima gente acudiese a ver el fútbol. Su primo Víctor iba con ella, detrás de los tíos. Un acomodador muy amable los condujo al palco: todo eran saludos y sonrisas para el tío, y este se mostraba contento, su ego traspasaba los poros de su piel. En el palco estaba el subdirector del Club, con su esposa y su hijo Isidro, cuatro años mayor que Andrea. El cruce de miradas tras la presentación fue profundo: Isidro no le quitaba ojo, y Andrea lo sabía. Terminado el partido (sin entender quién tenía que ganar), tomaron un cóctel, donde su tío presentó a Andrea a muchas personas. Solo recordaría al alcalde de la ciudad y a un profesor de la Facultad de Medicina, ambos eran cordiales y amables.

Su primo Víctor pidió dinero a su padre, tenía previsto llevar a su amigo Isidro y su prima a una discoteca de la ciudad, muy de moda.

Eloy dio dinero a su hijo con solo una advertencia:

—Víctor, no regreséis tarde. Andrea tiene prácticas mañana y cuidado con el alcohol. Tomad un taxi para la vuelta a casa. Cuida de tu prima.

Salieron veloces los tres, para llegar antes. Cogieron un taxi, Andrea miraba de reojo a Isidro, estaba nerviosa, pero controlada. Llegaron a la discoteca, era impresionante: varias pistas de baile, sofás, apartados. Lo que le llamó la atención fue una bola grande de cristales, colgada en el techo, que giraba y hacía ver todos los ambientes, acompañada de muchas luces de colores. Era espectacular, Andrea pensaba que ya nada la podía impresionar, viendo este montaje.

Su primo era conocido en la discoteca, rápidamente, los acompañaron a un reservado, pidió tres "Lumumbas".

—Prima, esto te gustará, es batido de chocolate, un poco más fuerte de sabor que los habituales.

Isidro era todo amabilidad con Andrea, la invitó a bailar, primero bailes sueltos con movimiento desordenados, pero rítmicos, después vinieron las canciones lentas, la arropó en sus brazos, le susurraba lo bien que se sentía con ella. Andrea estaba en una nube. Isidro era educado, simpático, amable, era del gusto de Andrea. Su primo estaba con otra chica, muy acaramelados; el tiempo pasó volando, eran las dos de la mañana, el primo decidió a toda prisa que tenían que marcharse ya, apenas tuvo tiempo Andrea de despedirse de Isidro, un suave beso en los labios y un "nos veremos".

Esa noche no pudo dormir, eran pocas las horas de sueño, su despertador sonaría a las seis y media. Era imposible conciliar el sueño. Se sentía contenta, pero también disgustada con ella misma. Se reprochó no acordarse de Daniel, se recriminó su actitud de no haber llamado a sus padres, se dijo para sí que era egoísta, irresponsable, estaba convencida de que su padre estaría muy enfadado con ella, por no haberse puesto en contacto. Después de las prácticas, lo primero que haría sería llamar a sus padres y resumirles lo bien que iban sus prácticas, solo les contaría eso, no entraría en detalles de cómo había cambiado su vida.

No tuvo tiempo, estaba volcada con las prácticas, el ritmo de vida con sus tíos estaba Isidro, no tuvo tiempo de llamar a sus padres. A los once días exactamente, a la puerta del hospital, coincidiendo con la salida, se encontraba Germán y Arsenio, ambos la esperaban.

Arsenio, con cara de pocos amigos, le dijo a Germán que Andrea, no iba a regresar a casa de los tíos; es más, añadió:

—Dígales a los señores de la casa, que a Andrea me la llevo yo al pueblo, que ya vendré a por la maleta.

Germán lo miraba receloso, con susto y disgusto, no podía hablar de lo que le imponía el Señor Arsenio. Miró a Andrea, estaba asustada y con los ojos enrojecidos, tampoco hablaba, no era el momento.

Ordenó a su hija que se subiese al coche y, sin mediar palabra, cogió la carretera que conducía al pueblo. Ninguno de los dos hablaba, la tensión era como una tormenta que arrasa con todo. Llegaron a casa, los perros ni se acercaron, lo primero que vio Andrea fue a su madre Lucía, con los ojos como brótolas de tanto llorar, se abrazaron y lloraron las dos, fuerte y con ganas. Arsenio había desaparecido.

Lucía contó a su hija cómo su padre estaba desesperado al no tener noticias de ella, que se imaginaba que se había olvidado de ellos, que Andrea renegaba de su familia y que estaba encantada con la familia de adopción, barbaridades, según contaba Lucía, celos incontrolados, posesión desmedida, veía lo que no existía, se le olvidó cuál era el objetivo de estar su hija en la ciudad.

Andrea no daba crédito a lo que su madre contaba, quizá ella era culpable de esta situación, tendría que haber tenido cuidado, aumentar la comunicación. Tuvo horror, tensión, miedo de tener que dejar las prácticas, sin ellas no se podría presentar al examen de Enfermera. Pensó en cómo arreglar la situación, pero su descontrol, ante tan imprevisión, no le permitía encontrar soluciones.

Lucía preparó una tortilla de patata con una ensalada. Era de noche, muy entrada la noche; la cena estaba puesta en la mesa, pero ninguna de las dos había probado bocado, hablaron y decidieron llamar al primo Eloy, contándole una mentirijilla, que estaba enferma Lucía y Arsenio, rápidamente, había ido por su hija, que hiciese el favor de llamar a Sor María, que en dos días, estaría Andrea allí. Fue creíble la historia y el primo se puso a su disposición para lo que necesitase.

Arsenio llegó a la casa, despeinado, con los ojos irritados, el semblante triste y apocado.

—Cenemos –dijo–.

Ni Lucía ni Andrea obedecieron.

—Hablemos –dijo Andrea–.

Arsenio comenzó:

—Os pido perdón por mi vehemencia, actúo de forma irreflexiva y apasionada, dejándome llevar por los sentimientos e impulsos. He cometido una locura, de la cual estoy muy arrepentido, no sé cómo solucionarlo, siempre hago sufrir a lo que más quiero.

Lucía lo compadecía, mientras que Andrea lo miraba con cara de reproche, no entendía la actitud de su padre, podía echar a perder su futuro, se comportaba como un niño consentido, la decepcionaba ese comportamiento egoísta, no era tolerable, por mucho que fuese su padre.

Se dieron las buenas noches, sin mirarse, y se acostaron. Ninguno de los tres esa noche pudo dormir. Andrea oía que sus padres hablaban, hablaban mucho, su tono era calmado, no podía oír lo que decían. Ella lloraba y lloraba, su pensamiento estaba fijado en su futuro en sus prácticas.

¡Qué iba a ser de ella!

Muy temprano, estaban desayunando. El no cenar les había abierto el apetito. Lucía preparó unas ricas tortitas con masa de pan. A Arsenio se le veía tranquilo, la cara de Andrea era un poema, por la hinchazón de sus ojos. Sentados en la mesa, comenzaron a desayunar. Lucía, con voz suave y segura, le dijo a Andrea:

—Cuando termines el desayuno y te duches, te daré un poco de cal en tus ojeras y tu padre te llevará a la ciudad.

Arsenio asentía y, tal como su madre contó, a las dos horas estaba preparada ella y su padre. Este viaje fue mucho mejor: Arsenio, pedía disculpas, que se olvidase del episodio, que él quería lo mejor para ella. Al fin dijo:

—Te echo mucho de menos, mucho, de ahí mi impulsividad. Lo siento, no volverá a ocurrir. Eso sí: estás obligada a llamarnos por teléfono y tenernos al día de cómo vives. ¿Entendido?

Andrea lo miraba con cariño, con admiración, por saber aceptar sus errores, así era su padre, todo bondad, con un toque de locura.

Continuó con sus prácticas, cada día que pasaba aumentaba su pasión. Sor Menchu y las demás monjas la dejaban hacer, se sentía integrada en el hospital, llamaba a los enfermos por su nombre como le habían enseñado. Era tanto el trabajo que había, que se le pasaban las horas muy rápidamente. Germán siempre debía esperar media hora o cuarenta y cinco minutos, escondido, según el acuerdo que tenía con Andrea.

Su vida transcurría de forma acelerada, acompañando a los tíos y las salidas con Isidro, eso sí, todos los días llamaba a sus padres, les resumía el día. El resumen era del hospital, de las fiestas y salidas con Isidro no contaba nada, siempre terminaba diciendo que los quería mucho y que se acordaba de todos.

Llegó el momento del examen y lo superó. Alegría y celebraciones. Se despidió de todos los profesionales del hospital, con cariño y alguna lágrima de Sor Menchu. La monja le dijo:

—Nos volveremos a ver, estoy convencida que serás una buena enfermera.

Se despidió de los tíos, primo, de Germán y cómo no, de Isidro. Agradeció lo que habían hecho por ella y lo que había aprendido. En el corto tiempo que vivió con ellos, alcanzó conocimientos de cómo funciona la alta sociedad: comidas raras, elección de ropa adecuada, calzado conjuntado, saludos cariñosos, palabras sin contenido, un mundo muy superficial, al que ella no estaba acostumbrada, pero que existía y ella lo podía certificar.

A los dos días, se fue al pueblo, aún quedaban quince días para incorporarse al internado obligatorio de A.T.S.

Qué bien se encontraba en su pueblo. Reanudó las conversaciones con Félix, le contaba todo lo que se hacía en la ciudad; ayudó a su padre, cabalgó con él y con los galgos; entendió un poco más a su madre, al no querer la vida del pueblo y ansiar la ciudad. Asistió a los guateques, estuvo con Daniel, pero…ya no sentía ninguna pasión.

Empezó a fumar, la hermana de su amiga Carlota, Ana, había estado en el extranjero y fumaba. Se iban a bañar al rio y allí, como algo moderno que aporta poderío, aprendió a fumar, primero tabaco negro, con los años se cambiaria al rubio. Su padre le decía:

—Fuma delante de mí, no te escondas, no fumes demasiado, personalmente no me gusta que las mujeres fumen.

A su madre tampoco le gustaba esa modernidad, decía que robaba elegancia a las mujeres.

Llegó la hora del ingreso en la Residencia de A.T.S. Sus padres la acompañaron, era un edificio nuevo, muy cerca del hospital, solo era apta para mujeres, los tres hombres que habían aprobado no estaban obligados a internado, es más, no existía internado para ellos.

Una habitación discreta, con vistas al exterior, fue la que le correspondió a Andrea. Los había recibido Sor María.

A Arsenio no le gustaba esta monja. Según decía, parecía que se había tragado un palo de escoba, y su soberbia se vislumbraba a cien metros.

Otra ocasión apasionante para Andrea: conocer a sus compañeras. Ahora ya eran mayores, y con facilidad se hizo amiga de Piluca, Geles, Carmen… El ritmo de vida era duro, clases teóricas, prácticas de siete u ocho horas y si te castigaban, que era frecuente, al hospital a trabajar.

Arsenio tampoco entendía esto, consideraba que a su hija y a todas las futuras A.T.S las explotaban.

A los dos meses de estar interna, expulsaron a Andrea del internado. Los motivos: que protestaba porque los huevos fritos parecían huevos duros, porque se subía en el ascensor con seis personas, cuando estaba indicado que fuesen cuatro, porque no le parecía justo que las castigasen continuamente y las enviasen al hospital a trabajar, porque denunció que todas las noches se ponía un señor exhibicionista delante de las ventanas. No se sabe muy bien qué razones tenían, pero la expulsaron.

Sus padres fueron a pedir explicaciones. Cómo sería que ni se inmutaron, les parecía necedades lo que explicaba Sor María. Arsenio, decía:

—Ya os lo dije yo, esta monja no me gusta nada, pero que nada. Andrea, no eres sumisa, y eso le molesta, no te preocupes, es una liberación para ti.

Su madre estaba afligida, por dar la nota siempre, y porque la expulsión no sonaba bien.

Pasaron los años de estudio y prácticas, compaginaba con las necesidades que su padre le pidiese. Arsenio estaba contento con su hija. Rápidamente la contrataron, era una época en la que se incorporaban las A.T.S. a los hospitales. Las monjas, solo las que tuviesen el título, las demás iban desapareciendo; podías trabajar en los dos hospitales existentes, compatibilizarlos perfectamente.

Cuando Andrea cobró sus dos primeras nóminas, las dedicó a comprar unos pendientes de perlas japonesas con cierre omega para su madre (sabía cuánto ansiaba Lucía tener ese tipo de pendientes). Para su padre encargó una silla de montar vaquera artesanal, completa. Arsenio siempre soñó con este tipo de silla, se la tuvieron que hacer a la medida, ya que las fabricadas eran color negro y él siempre la quiso color avellano, una belleza, además de cómoda.

Si Lucía mostraba sus pendientes, alardeaba de ellos; qué contar de Arsenio con su montura, era un delirio. Él, que no era mañoso ni cuidadoso con nada, con su montura era distinto: se pasaba horas limpiándola y admirándola.

Andrea no se olvidó de Félix: le regaló una fiambrera hermética y seis novelas del oeste americano (le encantaban).

Trabajo, diversión y un novio de la pandilla, un novio conocido por ambas familias, que estaban encantadas. Ramón estudiaba en Madrid y todos los fines de semana venía a la capital. Se gustaban, bailaban, hacían excursiones, casi siempre con la pandilla, y sin saber cómo… se hicieron novios convencionales. Andrea se sentía un poco agobiada: era joven, pero el ritmo de su vida era frenético. Todo esto debía cambiar, necesitaba un poco de estabilidad emocional y de descanso.

Con dos amigas decidieron cambiar de vida y largarse de la ciudad, por una temporada. Visualizaron su cambio, y como no se ponían de acuerdo lo echaron a suertes, con el compromiso de que las tres aceptarían lo que la suerte decidiese y la suerte decidió por una ciudad andaluza.

Se iban a conocer Andalucía. Tenían dinero, eran jóvenes y convencidas de que las contratarían en algún Hospital. Las tres tuvieron que mentir, dijeron a sus familias que les habían concedido una plaza con unas características especiales en Granada. Las familias lo entendieron, aunque les resultaba difícil de entender que se fuesen tan lejos, teniendo trabajo seguro cerca del entorno familiar; realmente quien mejor lo entendió fue Arsenio.

Cuando Arsenio se disgustaba, o tenía una emoción fuerte

o un sentimiento profundo, no lloraba, no podía llorar, su organismo respondía con una fuerte diarrea; eso fue lo que le pasó cuando Andrea le comunicó su futuro. Pero reaccionó rápidamente, pensó que su hija atesoraba mucha suerte, que era lo mejor para ella, se sentía orgulloso, tan joven y tomando decisiones de adulto.

Lucía no se puso tan contenta: respeto la decisión de su hija, pero no entendía bien cómo su marido estaba tan eufórico, no le entendería nunca, posesivo y ahora aplaudiendo a su hija que se fuese a seiscientos kilómetros a una ciudad, que no sabían dónde estaba, ni qué costumbres tenían. Lucía había oído hablar de que a los andaluces les gustaba mucho las fiestas, que poseían un carácter muy extrovertido, que la guitarra y los trajes de gitana eran su pasión. Hubiese preferido que su hija hubiese elegido una ciudad del norte, como Santander (que ella muy bien conocía): era una ciudad seria, con clase, con mucho abolengo, con un paisaje precioso, donde cuando ibas a la playa llevabas una sombrilla pequeña, si te sorprendía la lluvia, la podías utilizar de paraguas y si el sol hacía su aparición, te protegías de él. Lucía siempre quiso vivir en Santander, de joven pasó allí sus veraneos.

Arsenio, cómo no, mantuvo una conversación con su hija, mitad sermón, mitad consejos que él consideraba importantes:

—Andrea, es duro adaptarse a otras costumbres, a otro tipo de comidas; tienes que observar mucho, no seas imprudente, ten cuidado con quién te relacionas, los chicos andaluces son muy lanzados, un embarazo de soltera sería tu ruina. Cuando bebas alcohol, sé moderada, se pierde la cabeza y no se sabe lo que uno hace. Me gusta tu independencia, te voy a echar en falta muchísimo. Sin embargo, te entiendo: cuando uno es independiente económicamente, es independiente en todo, solo te pido que seas prudente, más de lo que yo soy y que mantengas comunicación con tus padres. Ah, no voy a permitir que vayáis a Madrid en autocar, yo os llevaré al aeropuerto, sé el trayecto perfectamente, quiero ver cómo despegas. Me hace mucha ilusión verte volar. Los aviones me aterrorizan, sin embargo, me fascinan.

Puede que le diera miles de consejos, pero con la última decisión que su padre había tomado se le olvidó casi todo. Era un padre especial, inesperado y generoso. Podría alardear en el pueblo que él las llevó al aeropuerto de Barajas, sin perderse, eso le haría sentirse muy bien y contaría cómo son los aviones, cómo es el aeropuerto, la cantidad de maletas que van de un lado para otro, y cómo son las carísimas cafeterías de los aeropuertos. Que invitó él, que le costó un dineral unos pequeñísimos bocadillos de jamón y unas bebidas gaseosas. Tendría conversación para dos semanas, porque el más mínimo detalle de la M30 o del aeropuerto lo tenía grabado.

Como estaba previsto, sin problemas, las tres amigas aterrizaron en Granada un día de noviembre, con un sol exagerado. Al fondo, a lo lejos, vieron algo que por lo que se quedaron impresionadas: una montaña muy alta nevada. El contraste del sol y la nieve perduraría para siempre en sus retinas.

La vida de Andrea cambió: en muchas ocasiones echaba en falta a su familia, en otras el hacer amistades le costaba, siempre tuvo muy mal oído, por lo que el acento andaluz le costaba entenderlo (increíble, pero cierto). Cuando iba a la pescadería, los nombres de los pescados no coincidían con los que ella. Conocía, por ejemplo, "la palometa", aquí era "Japuta", un sinfín de variantes a las que le costaba adaptarse.

Se lo contaba suavemente a sus padres, su padre siempre le decía lo mismo:

—Si no estás a gusto, ya sabes que puedes volver, o yo voy a por ti.

A Andrea le tuvieron que intervenir de un dedo del pie (malformación congénita, hereditaria). No avisó a sus padres hasta después de la intervención, no recuerda cómo fue, pero a las cuarenta y ocho horas, su padre estaba a su lado. Cuando se cercioró de que su Andrea estaba bien, se volvió rápidamente al pueblo. Se hizo mil doscientos kilómetros en dos días. Así era Arsenio: vehemente y afable.

Andrea se adaptó, estaba ilusionada y muy contenta.

De mutuo acuerdo, la relación de Ramon y ella terminó. Fue un noviazgo de pandilla, eso es lo que fue, ambos tenían mundos distintos que descubrir.

A Lucía le preocupaban los estudios de su hija pequeña, consideró oportuno enviarla con su hermana Andrea.

A los dos años, tanto Lucía como Arsenio valoraron que lo adecuado era comprar un piso en Granada para sus hijas, y así lo hicieron. Querían que fuese cerca del Hospital, que tuviese luz, que el centro no estuviese lejos. Se pusieron de acuerdo con la hora de elegir el piso.

Arsenio le había cogido gusto a la carretera, no le costaba nada ir y venir, eso sí, siempre tenía que parar a medio camino, donde estaban, según él, las mejores chuletillas de lechazo, acompañado de un buen vino. Comía unas veces acompañado de Lucía, y la mayoría solo, ya que los viajes, se los organizaba él y alguien tenía que quedarse al cuidado de la agricultura y ganadería: esa era Lucía.

No sé cómo fue, la historia está llena de interrogantes, de verdades a medias, de imaginación desbordada, de hechos sin comprobar, pero lo mismo que sucede en las tragedias, que no entiendes a los protagonistas, así pasó en la vida de Arsenio y Lucía. De repente todo se derrumbó, los celos se apoderaron de Arsenio, de tal forma que hizo la vida imposible a Lucía. Ella estaba decida a separarse, pero el miedo la paralizaba; él no lo permitía, ni lo permitiría en su vida, Lucía era suya.

"Cuando la situación es adversa y la esperanza poca, las determinaciones drásticas son las más seguras".

TITO LIVIO

11. DECISIONES DRÁSTICAS

Ver con claridad, aconsejar, decidir en problemas sentimentales, es una tarea muy difícil, sobre todo cuando uno de los componentes de la pareja se obsesiona, se enajena o se perturba confundiendo la realidad u añadiendo imaginación. Fuese lo que fuese, Lucía y Arsenio sufrieron una crisis fuerte, muy fuerte, que hizo que sus vidas cambiasen. A la familia, a sus hijas, al novio de Andrea, les costaba entender la situación. Primero Lucía llegó a Granada destrozada, con su verdad, con ideas duras de aceptar, con sufrimiento del alma. Apareció ella sola: había viajado en tren, contaba poco, lo que repetía una vez y mil veces es que no quería vivir con Arsenio, que se marchaba a Madrid con su tita, que ella sabría cómo ganarse la vida.

—Necesito ayuda de un psicólogo.

A las cuarenta y ocho horas, en su coche, con un aspecto lamentable, llegó Arsenio, con su verdad. Hablaba, hablaba, quería que le creyesen todo lo que contaba (difícil de entender, mezclaba realidad con imaginación). Entre la pareja dejó de existir comunicación, ambos estaban alterados y cada uno de ellos quería tomar sus decisiones.

Fueron días y noches muy largos, larguísimos. Arsenio desaparecía, se marchaba al pueblo, aparecía a los tres días, cargado de regalos para su Lucía. Se calmaba la situación, pero la chispa del tormento estaba viva: una película en la televisión, una frase mal dicha, un gesto, reaviva la llama de la discusión incontrolada. Sus hijas estaban aterrorizadas, jamás imaginaron que fuesen a vivir una situación tan crítica con sus padres.

Pasan las semanas y, a los dos meses, se calma la situación, con condiciones. Lucía no vuelve al pueblo. Arsenio también toma sus propias decisiones, obligado por la que ha tomado Lucía, decide vender todo lo que tiene en el pueblo y venirse a vivir a Granada, prefiere esto a perder a Lucía.

Drástico el cambio, las hijas no saben valorar esta decisión, intentan apoyar a sus padres de forma cariñosa. Es una película a la que no le ven fin, se sienten agotadas, desean que esta pesadilla pase rápidamente.

Es tremendo cómo los problemas de los padres influyen en el estado anímico de los hijos, cómo se ven impotentes a la hora de aconsejar, temen que sus palabras puedan herir a uno de los dos si las malinterpretan, se amedrentan cuando sus propuestas para que mejoren ambos son rechazas con desprecio.

Se observa que Lucía está más segura de sí misma y acepta la decisión de Arsenio de vender todo. Esto se realiza en cuestión de pocos meses; parece que las aguas vuelven a su cauce. Poco a poco la situación se va controlando.

El matrimonio ya está instalado en Granada. Lucía, en la capital. ¿Y Arsenio? Él se tiene que reinventar, su fracaso e infortunio, que considera ha sufrido, le tiene que servir para mejorar las cosas y comenzar una nueva vida.

La revisión de su coche marca un hecho importante en su vida. Allí conoce a dos mecánicos hermanos, Marcos y Carmelo, dos personas encantadoras, sociables, amenas, cordiales.

Carmelo es un enamorado de los pájaros de perdiz y de la caza con reclamo. Arsenio, poco entiende de pájaros de perdiz, pero recuerda, que, en sus viajes, cuando ha parado en Arévalo a comer, ha visto muchos pájaros de perdiz. Se reserva esta información, pronto tendrá que volver a pasar por Arévalo y piensa que, en agradecimiento, le conseguirá un pájaro de regalo.

A la semana siguiente ya había conseguido una perdiz roja macho, macho porque se lo habían asegurado (él no tenía ni idea de la diferencia entre macho y hembra). Se lo regalaron y él hizo lo mismo regalándole al que iba a ser su amigo. Carmelo, apreció el regalo y le comentó que ya le diría si era bueno, si cantaba y era tranquilo, el aspecto era inmejorable.

Pasaron dos semanas. Arsenio fue a echar un ratito de charla con Carmelo y Marcos y cuál no sería su sorpresa, que Carmelo había vendido el pájaro por un valor muy pero que muy llamativo e inaudito. Su asombro se le notaba, tanto es, que Carmelo, le invitó a una caña, con su tapa, aprovechando para contarle lo que los pájaros de perdiz significan para los cazadores. Con la segunda caña, le dio una lección sobre la perdiz, que era un ave gallinácea, del tamaño de una paloma, con el cuerpo y la cabeza pequeña, de plumaje ceniciento rojizo, pico y patas rojas, que vuela poco.

Existen una gran variedad de pájaros de perdiz: Perdiz roja. Perdiz pardilla. Perdiz Tibetana. Perdiz griega. Le contó las características que debe tener la perdiz para ser un buen reclamo.

—Debes buscar, elegir un pájaro que tenga una buena figura estilizada, buen color, debe ser tranquilo, y algo muy importante, querido Arsenio: un buen reclamo de pájaro de perdiz nace, pero también se hace.

Le contó que los cazadores que practican la caza con la perdiz de reclamo se les llama reclamistas.

La cabeza de Arsenio ardía, sus pensamientos volaban, quería hacer realidad lo que estaba pensando. Contó anecdóticamente la historia del pájaro que regaló a su amigo. En casa se sorprendieron, era un mundo desconocido, no se imaginaban que se pudiese pagar tanto dinero por un pájaro recogido en el campo.

Arsenio ordenó sus ideas, primero se informó a quienes cercanos les gustaban los pájaros de perdiz, con eso tuvo suficiente. Preparó un viaje a Arévalo y alrededores; volvió con seis pájaros y unas jaulas, no le habían costado nada, solo la invitación a unos chatos de vino.

Arsenio aprendía con rapidez lo que le gustaba y los pájaros le estaban gustando. Con las lecciones rápidas de su amigo Carmelo consiguió unos pájaros elegantes y con seguridad machos, que cantaban. En cuestión de cuatro días, los pájaros estaban vendidos y en cuestión de una semana las solicitudes de compra le sobrepasaban.

Volvió a tierras castellanas, el pedido superaba los doce pájaros, el trabajo se le complicaba y tuvo que recorrer varios pueblos, aunque él siempre mantuvo que los compraba en Arévalo.

Cuando llegó a Granada con tal cantidad de pájaros, Lucía puso el grito en el cielo, no se podía adaptar el piso a los pájaros, debía buscar soluciones. Se incrementaba su mal humor con estar atendiendo la puerta y el teléfono ante los reclamistas que acudían.

Arsenio entendió la situación: él también estaba desbordado, por lo que muy rápidamente alquiló un local, muy cerquita de su piso. Él, que no era especialmente cuidadoso, limpió, ordenó y colgó todas las jaulas que tenía, organizó un apartado para la comida y bebida de los pájaros, se apropió de una mesa y sillas, donde no faltaba vino, ni cacahuetes para sus invitados y compradores.

Fue curioso cómo aprendió rápidamente el cuidado y el esmero que debía tener con los pájaros: las jaulas limpias, cuidado con el plumaje, el alpiste y trigo disponibles y de vez en cuando curiosidades que él aprendió. Les daba de comer huevo duro y hasta magdalenas, algo que sorprendía a los compradores y admiraban que Arsenio supiese tanto.

Pronto personas de distintas categorías y profesión pasaban para admirar y comprar "los pájaros de perdiz de Arévalo". Arsenio fue aprendiendo de lo que decían sus conocidos, se estaba adentrando en un mundo apasionante, que controlaba bastante bien. Lucía estaba mucho más contenta: su marido le daba el dinero íntegro de sus ganancias, por supuesto su cartera siempre estaba llena, era una costumbre que tenía, por si te pasa algún imprevisto.

Tal era su fama, que un día su hija Andrea coge un taxi, y

al hablar con el taxista, le pregunta que si era castellana, que él conocía a un señor castellano que vende los mejores pájaros de perdiz, que tiene dos hijas. Se sabía la historia de Arsenio mejor que su sorprendida hija.

Arsenio tenía la costumbre de familiarizarse muy rápidamente con la gente que le caía bien, les contaba su vida y milagros, él nunca estaba callado, lo único que se reservaba eran sentimientos o situaciones tristes. Consideraba que la vida acarrea muchas tristezas y él no iba a sumar con historias penosas, prefería contar sus batallitas y las cosas buenas que sucedían en su entorno y familia.

Ya había localizado los pueblos donde vender sus pájaros de perdiz buenos, era signo de que los dueños sabían cómo cazar. Existía una competencia enorme entre los cazadores. Unos consideraban que el acierto de un buen pájaro era de ellos, otros envidiaban a aquellos que conseguían un pájaro cantor donde ellos fracasaban.

La voz se fue corriendo de pueblo a pueblo, los pájaros que vendía Arsenio no fallaban, además este cuando lo vendía le comentaba al comprador que el pájaro iba con seguro incluido, que, si en quince días no cantaba que se lo devolviese, le entregaba otro. Tanta era la seguridad que tenía Arsenio con sus pájaros, que instauró un seguro de palabra y su palabra era sagrada. Él utilizaba sus acuerdos de palabra, que eran más fuertes que cualquier firma ante notario. Siempre cumplió con su palabra: se aseguraba de lo que prometía podía cumplirlo, y consideraba que la palabra de acuerdo era lo más importante que existía. Cierto es que nunca le defraudó su seguro de palabra. Tenía práctica de cuando era ganadero y tenía que negociar con los tratantes en los mercados de ganados o cuando vendía sus propias mercancías ganaderas.

Como la demanda era tan grande, además de vender en su bajo se recorría los pueblos, donde telefónicamente le solicitaban. Arsenio consideró que su coche de viajes familiar no podía y no tenía capacidad para sus pájaros.

Se compró, sin consultas previas con la familia, una Citroën C15. Una furgoneta pequeña, que adaptó para poner sus jaulas y que sus pájaros viajasen cómodamente.

Sus conversaciones pasaron a temas principalmente de pájaros, contaba que un buen pájaro de reclamo nace, pero que también se hace; estaba convencido, que poseía una estrella de la suerte, ya que todos los pájaros cantaban. Bueno, no todos, alguno se quedaba arrinconado porque era hembra, pero Arsenio no desistía decía:

—Algún día cantará y yo le enseñaré.

Efectivamente, con el tiempo cantaba. Lo que no sabía Arsenio, es que existen las perdices vicarias, que son algunas hembras "amachadas", que suelen emitir cantos, tratando de imitar a los machos.

Se quedaron pequeños donde le surtían de pájaros, tuvo que buscar las granjas, de las cuales no era partidario. En esa busca incansable, dio con un monasterio castrense en Burgos, donde su buena elocuencia y su compostura satisfacía a los monjes, que criaban pájaros. Pronto el monasterio era su hogar por veinticuatro o cuarenta y ocho horas: una celda con sus mantas siempre estaba a su disposición, comía allí mismo y se jactaba del rico vino que le servían y del buen queso que los monjes elaboraban. Tanto es así, que les compraba los quesos de baja, media o total curación, para venderlos junto con los pájaros. Estaba exento de levantarse a las cinco de la mañana y de asistir a los rezos y actos litúrgicos de los frailes.

Él les contaba cómo era Andalucía, que al principio le costó adaptarse, pero que después estaba muy contento. Los andaluces eran currantes, alegres, serios y responsables, que el concepto castellano sobre los andaluces estaba equivocado, que eran igual que ellos, pero mucho más alegres y además en Granada cada vez que te tomabas una consumición, era acompañada de una riquísima tapa; que la temperatura era similar a la de Castilla, inviernos muy fríos, y en Granada se agravaba el frío por tener cerquita

Sierra Nevada y que los veranos eran muy caluroso, calor que se podía paliar con el aire acondicionado. Les contaba cómo empezó el negocio de los pájaros, se partía de risa cada vez que lo contaba, y añadía que nunca es tarde para aprender. Los monjes, aparte de hacer negocio con él, estaban encantados, Arsenio era afable, parlanchín, contaba mil anécdotas con rapidez; en muchas ocasiones le pidieron los frailes que alargase su estancia, ya que les hacía muy amena la visita. De estas visitas aprendió de los monjes muchas cosas de los pájaros:

—Saber elegir un buen pájaro de reclamo es solo el primer paso, después hay que saber alimentarlo y cuidarlo. El macho de perdiz de reclamo entrega su libertad a su amo, a cambio este dedica todo su tiempo, día y noche, en verano, primavera otoño e invierno, a su pájaro.

Arsenio añadía que la conjunción del amo y el pájaro era comparable con el caballo (de lo que tenía mucha experiencia): debes hablarle, mirarle a los ojos y cantarle, aunque él era muy mal cantante, ensayó y ensayó mucho, para que le saliese un canto fácil de imitar. En realidad, eran dos cantos, un canto de desafío, cuando el macho lo destina a otro macho y un canto amoroso, cuando el macho lo dedica a una hembra, que es utilizado para llamar la atención e invitar. Los cantos más comunes son: jácara, guteo, cañamones y colete. El canto de jácara es el más común y es el utilizado para el reclamo, es un sonido que busca marcar territorio. No le faltaba su radiocasete, con cintas de cantos de pájaros, que habitualmente, se las ponía tres veces al día.

La vida de Arsenio había dado un giro de trescientos sesenta y cinco grados, nunca estuvo tan activo y ocupado; creó su propia leyenda decía que él vendía perdices de bandera, buenos y fuertes, que jamás vendería pájaros cobardes, irregulares o broncos, esto lo aseguraba y lo certificaba, hasta él mismo se lo creía.

Su hija Andrea se había casado con un chico de Granada, Lucas. Pronto tuvieron descendencia: el primer nieto de Arsenio fue varón. El estado de satisfacción cerebral de Arsenio no tenía parangón, su plenitud era máxima y, aunque no debemos confundir satisfacción con felicidad, sí podrías decir que la felicidad de Arsenio era plena: un chico en la familia, después de tantísimos años.

Los papás del niño decidieron, para darle gusto al abuelo, que el niño se llamaría como él: Arsenio, Arsenito.

Arsenio abuelo contaba las excelencias de su nieto:

—Tiene unos ojos vivaces, y una cabeza muy grande, lo que significa que será muy inteligente y hará todo lo que se proponga.

Además, el niño era bueno: comía, dormía, jugaba, siempre con una sonrisa para quienes se acercaran. Arsenio abuelo aprendió a ser abuelo, a pasear a su nieto, estar pendiente de si dormía o despertaba. El primer tacataca se lo compró él, todo lo que el niño hacía le parecía excepcional, sus ojos se iluminaban cuando lo miraba. Contaba a sus amigos las excelencias de su nieto. Lucía, mucho más prudente, le repetía que no contase cosas fantásticas, que era un bebé precioso, pero pronto para saber qué características tendría, que existían muchos abuelos en la tierra, y que para cada abuelo su nieto sería lo mejor de lo mejor. Arsenio aprendió a conducir en la nieve sin cadenas, era valiente y atrevido. El papá de su nieto trabajaba allí, y él subía y bajaba, como si fuese una autovía, era una atrocidad verle conducir con varios centímetros de nieve en la carretera sin cadenas, se hacía el valiente, luchaba con ignorancia contra la naturaleza, se jactaba de cómo conducía en la nieve, sin entender que su coche bailaba, patinaba, y con facilidad invadía en carril contrario. Esa fuerza y seguridad no era entendida por nadie de la familia, que pensaban que algún día se produciría una desgracia. Él no oía ningún consejo ni tomaba ninguna precaución, hacia lo que el corazón le ordenaba por su yerno, hija y sobre todo por su nieto.

A los veinte meses, nació su segundo nieto, Roberto, como el abuelo paterno, también le colmó de alegría. En verdad se alegró de que fuese chico, lo que la naturaleza le había negado a él, ahora era correspondido con sus nietos.

El segundo nieto resultó ser travieso e inquieto, por lo que Arsenio perdía la paciencia. Tanto es así, que recuerda Lucía, la abuela, que le ponía la merienda un vaso de cola cao, con una tostada, en la mesa de la salita, y antes de que el niño se sentase, ya estaba Arsenio diciendo:

—Niño, vas a tirar el vaso.

Y efectivamente, Roberto, nervioso, tiraba el vaso y se armaba la de San Quintín. Sin embargo, por esas características que tenía su segundo nieto, se llevaba muy bien con él: le había ganado por su simpatía y locuras. Cuando iba a la guardería a por él, rara vez no aparecía en casa con una chuchería o unas pinturas.

Sus nietos aprendieron a nadar muy pequeñitos. Arsenito muy bien, Roberto regular, porque no sacaba la cabeza a la superficie. Él solo sabía sumergirse y hacer largos, hasta que sus pulmones le permitían. Esto, que era una atrocidad, a su abuelo le parecía algo fantástico y cuando se iban de veraneo a la costa, le mandaba realizar exhibiciones, le tiraba monedistas al fondo de la piscina y su nieto, tan atrevido como él, se sumergía hasta sacarlas, todo este proceso con público vecinos que aplaudían las proezas del niño.

A su nieto Arsenito le llevaba a un bar muy conocido de él, para que le pusiese tapas de lomo a la plancha, algo que Arsenito degustaba con muchísimo placer.

Lucía era una abuela excelente, preocupada por las comidas de los nietos, preocupada por cómo vestían. Ella consideraba que sus nietos deberían vestir mejores prendas, deberían ir conjuntados, era una lucha continua con Andrea. Andrea la explicaba:

—Madre, los niños van a un colegio concertado, donde van niños de diferentes clases sociales, no deben llamar la atención. El ritmo de vida de mis hijos es el colegio, los deportes y la sierra, visten adecuadamente para los lugares que frecuentan.

No había forma de convencer a Lucía, siempre comparaba con otros niños o salía su vena de estilista clásica. Es más, se atrevió a comprarles unos abrigos austriacos, color verde, muy de moda, estaban realizados en lana especial engrosada, lo cual aísla del frío. Transmite seriedad, abrigos que los niños solo lucieron una vez, no hubo ocasiones para que el abrigo fuese lucido. Ellos vestían con anorak para protegerse del frío.

Lucía tenía una dedicación muy especial con sus nietos, les enseñó a comer, desde legumbres a ensaladas, desde queso a frutas variadas, les realizaba los disfraces que el colegio solicitaba. Ambos, Arsenio y Lucía, no se perdían las fiestas de sus nietos, Navidad, de pastores, de reyes, de animales, y las mil fiestas bonitas y entretenidas a lo largo del curso escolar.

Con ellos llegó la alegría, los nietos proporcionaron a Arsenio y Lucía una vida más feliz y plena, sus problemas dejaron de ser problemas para dedicarse a las necesidades de sus nietos. Los dos comentaban con frecuencia: "cuando las prioridades están claras, las decisiones se hacen fáciles". Arsenio se reinventó, como muchas veces comentaba: qué suerte había tenido de conocer a Carmelo, enseñarle el mundo de los pájaros y sus nietos. El resto de la familia era importante, pero no tanto como sus nietos y los pájaros. Se adaptaba a lo que le pidiesen a favor de sus nietos. Si había que llevarlos al colegio, él cogía su furgoneta limpia y los llevaba; si había que nadar, porque era buen ejemplo para los niños, nadaba malamente, pero nadaba; si tocaba comer pescado (que odiaba), sin rechistar comía pescado; si se tenía que quedar con los niños, ningún problema, al local de los pájaros que se los llevaba, les enseñaba cuál era el mejor pájaro que tenía, les presentaba a los cazadores y compradores, intentaba distraerlos y que los niños estuviesen contentos.

Disfrutaba con complacer a sus nietos, sin consentirles caprichos exagerados, les contaba mil historias de pájaros, caballos y perros. El nieto Roberto, era desde muy pequeño amante de los perros, algo que satisfacía enormemente a su abuelo, aunque con alguna discrepancia: él consideraba que un perro debe ser útil, no de compañía, el niño siempre tuvo su perro de compañía, gusto que compartía con sus padres y hermano.

Tuvieron que pasar algunos años para que viesen a su tercer nieto, hijo de su hija Inés: guapo a rabiar, bueno y simpático. Germán tuvo la suerte de encontrarse con los abuelos que tenían experiencia. Lucía siempre había deseado tener una nieta, sin embargo, recibió a su tercer nieto con inmensa alegría: era el hijo de su hija menor, a la cual adoraba. Arsenio se alegró de que fuese varón, siempre consideró que la vida de los hombres era mucho más fácil que la de las mujeres; conectó con Germán muy pronto, era un niño tímido muy educado.

Arsenio cambió muchas cosas en su vida, pero no todas: el pescado y la iglesia eran incompatibles con él, no era su costumbre criticar a las personas que tenían fe, o su manjar preferido era el pescado, no, él hacía una crítica feroz a "todos los peces del mar y río, como a los pescadores", y aún era mucho más exagerado cuando hablaba de la iglesia y de Dios, que particularmente consideraba muy injusto. Sin embargo, comía pescado para dar ejemplo a sus nietos y acudía elegante a la iglesia en bodas, bautizos y comuniones.

Se emocionaba en los bautizos de sus nietos y con satisfacción disfrutaba de las comuniones de ellos, además estaba muy orgulloso, ya que sus nietos realizaron la comunión solos, en misas de domingo, sin vestirles ni de marinero, almirante o jesuita.

Son años que Arsenio no podía pedir más a la vida: su mujer Lucía, de la que seguía enamorado y admiraba, sus hijas, sus yernos, sus nietos y como no, sus pájaros.

Aprendió geografía, gastronomía, costumbres, rituales y miles de vivencias en sus recorridos de compra y venta de pájaros. Se hizo maestro del arte de la comunicación, adquirió habilidades del mejor tratante descrito y desarrolló una capacidad de paciencia y amor con sus nietos que era admirable.

Arsenio reconstruido, afable, enérgico, siempre con mil ideas de cómo mejorar su negocio; su tesoro, sus pájaros, con ellos se divertía, con ellos socializaba, con ellos aprendió orden, disciplina, responsabilidad, con ellos ganaba dinero, con ellos su ego estaba altísimo, no había nadie más que él que supiese de pájaros y cómo cuidarlos.

No tenía tiempo libre, estaba muy ocupado y al mismo tiempo contento. Hacía lo que le gustaba, además cuando Lucía le mandaba alguna tarea de compra doméstica, también la realizaba sin protestar. Arsenio quería sentirse bien y agradar a los demás, esto no impedía que en momentos de encontrarse con algún idiota sacase a flote su carácter no permisible y fuerte; también sabía hacerse enemigos, cuando Lucía le reñía por ese comportamiento siempre le contestaba que con idiotas no quería relación, mejor alejados.

"No sé quiénes sois, pero sé que os quiero".

ANTONIO MERCERO

12. SÍNDROME COGNITIVO

Todo empezó cuando Arsenio llamó a casa, estaba en un pueblo y no sabía volver. Ya era raro, porque nunca molestaba, podía hacer doble recorrido, pero no pedía ayuda. Aunque llamó la atención de la familia, quedó en una anécdota. Anécdotas que, en cuestión de poco tiempo, fueron acumulándose. Olvidar con quién había quedado, no recordar cuál había sido la comida principal, dejarse el coche abierto a distancia de la casa, sin utilizar la cochera, no saber qué día de la semana iba después del lunes. Las anécdotas, se convirtieron en síntomas que preocuparon a la familia.

Por más que le preguntaban cómo se encontraba, siempre decía que estupendamente, pedía que no se fijaran tanto en lo que hacía, que ellos también se equivocaban, y él no se lo decía, que lo dejasen en paz, no pensaba ir al médico porque no existían motivos.

Aparentemente continúa su vida normal, sus pájaros, sus nietos, sus idas y venidas; sigue tomándose los vinos y cervezas con los amigos… todo parecía normal, hasta que, un día, sufre un mareo y se cae en la calle, es llevado a urgencias y le diagnostican una hipotensión.

Reacciona bien a las pruebas sometidas, ya está en su casa, pero Arsenio está raro. Los siguientes días se queja de dolor de cabeza, a la semana se le observa que se tuerce al andar, empieza conversaciones pasadas de hace años, recuerdos muy pasados. Lucía se alarma, considera que necesita una revisión urgente, se niega. Andrea mantiene una conversación con él, para acudir al médico y bruscamente rechaza la propuesta.

—¿Me podéis dejar en paz?

Arsenio, enfurecido, se dirige a la familia:

—Estoy bien y no pienso ir a que me vea un "Matasanos",

es más, Andrea, di a tu madre, que no me prohíba el vermut de todos los días, por su propia cuenta ha decidido que no me lo debo de tomar, me estáis volviendo loco.

Andrea considera que lo debe ver un especialista, pero ante esta negación, deja pasar los días, no sabe cómo convencerle para que acuda a que lo exploren.

Arsenio siente mareos y su desorientación va en aumento, sin embargo, él sigue diciendo que se encuentra bien. Un día vuelve muy tarde a casa. Lucía le pregunta por qué se ha retrasado tanto. Él se cabrea porque se siente controlado. Pues nada, sin cenar a la cama, vuelta a sus años jovenzuelos, cuando el cabreo con su hermana terminaba sin cenar y a la cama.

Lucía, nerviosa, habla con su hija Andrea:

—Creo que tu padre no está bien, tiene un comportamiento raro, deberíamos obligarlo a que fuese al hospital. Su madre, tu abuela, murió de un derrame cerebral, tu padre nunca ha tenido la tensión baja, sino todo lo contrario, excepto el día que se mareo. Invéntate algo, Andrea, para que a tu padre lo vean. No quiero sorpresas desagradables.

No habían pasado ni veinticuatro horas de esta conversación, cuando Lucía llama alarmada a Andrea:

—Vente para casa, tu padre no sabe dónde dejó el coche ayer; llevamos toda la mañana buscándolo y no aparece. Lo preocupante es que no recuerda nada de ayer.

El coche es localizado en una gasolinera a unos ocho kilómetros de la casa; de lo que se deduce que Arsenio fue andando a casa, pero… no lo puede recordar, él mismo se asombra.

Ya no existen más justificaciones de Arsenio para acudir al médico, estas múltiples aparentes anécdotas se están convirtiendo en síntomas de alguna patología.

A los dos días tiene cita con el neurólogo: le cuentan que como se tuerce un poco al andar, es para corregir esa anomalía. Ya no dice que no, solo comenta que por favor no le dejen en el hospital, odia los hospitales, les tiene pánico. Es el Dr. Valverde, que con empatía y cariño le recibe, comienza hablándole por el tema que más le gusta a Arsenio, los pájaros. Sin apenas percibir este que ya le está haciendo una exploración neuropsicológica, le manda andar por las losetas de la consulta, en línea recta con los ojos cerrados, como si de un juego se tratase, le invita a que pinte un reloj con las manecillas marcando la hora exacta, esto no le gusta a Arsenio, pero lo hace, hace un reloj muy irregular (dibujar no es lo suyo), casi, casi como el cuadro de Salvador Dalí, curiosamente titulado "La persistencia de la memoria".

El médico, pacientemente, mantiene con él una conversación aparentemente desordenada, donde Arsenio se siente cómodo. Le explica que necesita unos análisis de sangre y unas radiografías, que no se preocupe de nada, son pruebas para comprobar cómo se encuentra, son pruebas rutinarias según el doctor.

Arsenio asiente, mira a Lucía y Andrea, para afirmar con su mirada que él no está enfermo, que él está muy bien.

En una semana, Arsenio estaba diagnosticado de "Síndrome Cognitivo", si la familia quería un diagnóstico mucho más definido, habría que realizarle muchas pruebas… pruebas genéticas, análisis del líquido cefalorraquídeo, y un sinfín de pruebas que dieran un resultado exhaustivo de diagnóstico.

Tras una larga charla con el neurólogo, Lucía y Andrea, con el asesoramiento facultativo, deciden no someter a Arsenio a más pruebas, aceptar el tratamiento farmacológico y las pautas de cómo cuidarle.

El Dr. Valverde, les explica que el síndrome cognitivo es un trastorno mental que afecta a las funciones cognitivas, principalmente la memoria, la percepción y la resolución de problemas. Que su deterioro es progresivo, que hay pacientes que se vuelven muy agresivos y otros muy infantiles.

Les comenta que deben saber que tendrá dificultad para centrarse o prestar atención, dificultad para recordar cosas, tales como nombres, fechas o lugares, que pudiese ser que en ocasiones se desorientase totalmente, y por último que son pacientes que requieren mucha paciencia de la familia.

A continuación, el médico les da cita con el enfermero, dedicado a educar a la familia, bases elementales de cómo enfrentarse a una enfermedad, que de momento no causa dolor, pero que trastoca todas las emociones conocidas y desconocidas.

Por supuesto, esta conversación se mantiene sin que Arsenio esté presente. Muy agradecidas por la concisión, amabilidad y profesionalidad del médico, se despiden de él y van en busca del enfermero que les ha aconsejado.

Con amabilidad indescriptible, Lucía y Andrea son recibidas por el enfermero Diego. Por la forma de recibirlas, de mirarlas, de su tono de voz cariñoso, se sienten cómodas. Lucía, algo más nerviosa, por el inesperado diagnóstico, Andrea, con pena, asumiendo la realidad.

El enfermero Diego, antes de darles las recomendaciones oportunas, se pone a su disposición para las dudas, presentes o futuras. Él resume los cuidados en "ser paciente".

Así comienza el enfermero Diego sus consejos, y esto requiere mucho entrenamiento.

—No debemos caer en provocar situaciones de llevar al paciente la contraria, evitaremos situaciones con tinte dramático.

Continúa y les dice que deben explicar las cosas a Arsenio de manera simple, con frases sencillas y cortas, que sean comprensibles.

Deberían enseñarle fotografías que evoquen recuerdos, siempre que esta actividad no provoque desasosiego al paciente. A Arsenio deben tratarlo con amor, cariño, cercanía y proporcionarle seguridad.

—En ocasiones, como ahora mismo entre ustedes y yo, con

miradas y gestos somos capaces de comunicarnos, pues así deben hacerlo con su marido y padre.

Diego les hace un resumen de cómo deben tratar a Arsenio:

—Ser paciente.

—Explicar las cosas de manera simple, con frases cortas y concisas.

—Dejarle tiempo para responder.

—Hablarle en tono suave y sereno.

—Transmitir seguridad y comprensión.

—Hacerle preguntas sencillas.

—Utilizar el humor (no siempre funciona, pero lo pueden intentar).

—Realizar actividades, que le guste y que no conlleven riesgo.

—Ver programas televisivos que sean de su agrado.

—Y mucho amor por parte de la familia, es lo más esencial.

Nada de lo que explica el enfermero Diego es fácil. Por las características de Arsenio, Lucía duda de que su marido responda con facilidad a la nueva vida, aunque su mayor preocupación es cuál será su comportamiento ante los retos de los cuidados, ahora que tienen un diagnóstico muy en contra de Arsenio, negando la evidencia, no sabe si sabrá actuar con paciencia.

El enfermero Diego les dice que tienen que estar preparadas mental y psicológicamente, porque el deterioro puede ir en progresión y eso supone:

—Incapacidad de moverse por cuenta propia.

—Incapacidad de hablar o hacerse entender.

—Descontrol de esfínteres.

—Necesidad de ayuda para todas sus necesidades.

—Problemas con la alimentación, cierta dificultad para tragar.

El enfermero les dice que todo debe ir poco a poco, que él debe explicarles cuál podría ser su comportamiento, que, para cualquier duda, él estará disponible. Les proporciona una guía de cuidados por escrito y les facilita un número de teléfono, para hacer uso si fuese necesario.

Se despiden, con cariño y agradecidas, tanto del médico como del enfermero. Han sido dos profesionales magníficos, por sus conocimientos y humanidad, que les han proporcionado cierta tranquilidad y mucha información que tienen que digerir.

Los tres se dirigen a la casa. Arsenio pregunta por su coche. No hay respuesta, por tercera vez consecutiva Arsenio, en tono más grave, dice:

—¿Me podéis decir dónde está el coche? Anoche estuvimos cenando con nuestros amigos en mi pueblo y no recuerdo dónde lo deje.

Lucía suspira y lo intenta corregir.

—Arsenio, ayer no salimos de casa, y estamos en Granada, hasta tu pueblo hay muchos kilómetros. Ya iremos a cenar con nuestros amigos.

Arsenio estalla. Son voces confusas y gritos. Mira a su hija, implorando una respuesta que puede convencerle de que tiene razón. Andrea, tranquilamente, haciendo un guiño a su madre, contesta a Arsenio:

—Efectivamente, ayer estuvimos todos cenando en tu pueblo y esta mañana vinimos a Granada; el coche está en la cochera, tú mismo lo puedes comprobar cuando lleguemos a casa, no debes preocuparte, todo está bien.

Lucía arranca a llorar desconsoladamente. No entiende cómo su hija da la razón a su marido, en un disparate que no tiene pies ni cabeza.

Este sería uno de los mil episodios protagonizados por Arsenio: la memoria del pasado se convierte en la memoria del presente.

No les habían dado esperanza de recuperación, pero sí de progresión del Síndrome Cognitivo.

Ver el deterioro de la amnesia en un hombre vital, enérgico, activo, era un sufrimiento para la familia de Arsenio, pero no desesperaron.

Les costó entender esas actitudes raras que había adquirido, esas frases a medio terminar, esas sonrisas perdidas, las emociones al ver a sus nietos, al ver a sus hijas, al ver o reconocer algún amigo. Entonces comprendieron que la memoria, esa capacidad de recordar acontecimientos, no lo es todo en un ser humano: están los sentimientos y la sensibilidad. Optaron por potenciar lo que en realidad agradaba a Arsenio.

Al principio salía de paseo con sus amigos, pronto se le olvidaron sus magníficos pollos de perdiz, su coche, sus quesos, sus rutas. Ahora se divertía de otra manera: sus amigos lo acusaban de principios seniles, por lo que su compañía era muy gratificante. Ideaban, planificaban y ejecutaban robar en el centro comercial próximo, que tenían cerca de su vivienda habitual. Esto suponía una auténtica tragedia. Rápidamente, Lucía llamaba telefónicamente a su hija Andrea, le explicaba llorando que tenían retenido a su padre en el Centro Comercial por robo. Andrea abandonaba el trabajo y se presentaba rápidamente en el lugar de los hechos. Efectivamente, allí estaba Arsenio y sus dos amigos, cargaditos de chucherías, maquinillas de afeitar, bolígrafos, rotuladores, cucharillas, pipas, cacahuetes… sus bolsos de chaqueta y pantalón eran carros de compra muy bien aprovechados.

Andrea se presentó al guardia de seguridad del centro. Le explicaba el deterioro de los tres ladrones, seguidamente, les echaba una regañina que parecía seria, pero nunca lo fue. Ver sacar los artículos sustraídos de los bolsos de su padre y de los amigos le producía risa y a la vez tristeza.

Sentimientos contradictorios que se solucionaban pidiendo perdón y disculpas a los responsables del centro y llevando a su padre y amigos a sus respectivas casas.

Lucía estos hechos los dramatizaba al máximo de la expresión: "qué dirán de nosotros, ahora somos ladrones, nos conocerán en todo el barrio por usurpadores, no podremos salir a la calle…". Realmente no pasaba nada. Arsenio se olvidaba muy pronto de lo acontecido, exigía su vermut y, como su mujer se lo negaba, porque el médico le había prohibido el alcohol, le ponía una Pepsi-Cola en un vaso y hacía como si le echase vermut, con una tapita de queso. Así conseguía que Arsenio estuviera feliz. Lucía, con los ojos enrojecidos de tanto llorar, porque su marido se había convertido en un ladrón y por más que su hija Andrea intentase calmarla y explicarle que eran reacciones involuntarias con picardía, pero sin malicia, Lucía se disgustaba por tres días.

Estos hechos se repitieron con cierta frecuencia, hasta que un amigo empeoró y dejaron de visitar el Centro Comercial.

Para que Arsenio saliese a la casa y fuese identificado, por si se perdía, le hicieron una plaquita con su nombre y dirección, además de una tarjeta con su identificación y teléfono, pues resultaba curioso, que él, Arsenio, siempre saliera de casa con el monedero lleno de dinero y dejaba escondida la plaquita y la tarjeta de identificación. No consentía llevarlo, cuando tardaba más de lo previsto, alarma generalizada. Ya se preparaba toda la familia para su busca y rescate

Arsenio se convirtió en un niño grande.

Siempre muy arreglado, de eso se encargaba Lucía, le tenían como un pincel, le preparaba sus comidas preferidas. Lucía era una excelente cocinera (disfrutaba cocinando lo que le gustaba a la familia, eso también es amor). Hubo un retroceso a la juventud. Las sopas Torraderas, con su caldo de jamón, sus ajos, un poco de tocino, el pimentón agridulce, un chorreón de aceite de oliva, pan candeal del día anterior, todo elaborado y al horno, que se hagan despacito, hasta conseguir una buena costra en la parte superior. Este era el plato favorito de Arsenio de joven y ahora no se cansaba de comer y pedir a su mujer que volviese a hacer la comida que tanto le gustaba.

Antes de ser diagnosticado le disgustaba ver la televisión,

pero de repente Arsenio era un consumidor desmesurado de la televisión, especialmente de las películas de Paco Martínez Soria: *La ciudad no es para mí, Vaya par de gemelos, Estoy hecho un chaval, El abuelo tiene un plan, Se armó el belén*. Se sentía muy cómodo con estas películas, las podía ver una vez y mil veces más, se reía, se identificaba. Con su Pepsi-Cola, unas aceitunas rellenas y su película era el más feliz del mundo, le molestaba que le interrumpiesen su sesión de cine.

Con las películas se partía de risa él solo, aunque no tuviese volumen.

En esa salita, donde él se instaló viendo sus películas, se diría que Arsenio volvió a reinventarse. Ya no era gruñón, era dócil, sonriente. Lucía podía acudir a misa sin ningún problema o a comprar, él no se movía, estaba extasiado ante el argumento de la película elegida, aunque la temática se le olvidase al día siguiente, o a los cinco minutos de terminar la película.

Verle ante el televisor con sus películas preferidas y esa sonrisa, a veces carcajada, te proporcionaba un conjunto de sentimientos, que iban desde el cariño, la alegría, la pena, la compasión y terminabas con el sentimiento de agradecimiento, porque su patología le hacía tan sensible, tan infantil, tan tierno, que era imposible no sonreír y disfrutar con él.

Arsenio, a lo largo de su vida, siempre rechazó los hospitales, le producían pánico, terror, siempre decía y pedía que no lo llevasen. Solo estuvo ingresado en una ocasión por una pancreatitis, se le voló la cabeza y con el compañero de habitación salió en camisón abierto por detrás para pedir un taxi, de tal guisa que rápidamente los trasladaron a su sala y habitación correspondiente.

Odiaba los hospitales, decía que olían muy mal, que era como dejarte abandonado y que raramente el que entraba salía vivo. No le gustaban los uniformes, no le gustaban los profesionales de la sanidad, decía que eran muy autoritarios, prepotentes y que hablaban un idioma incomprensible. Su hija no se salvaba de estos comentarios, aunque ella le explicase cómo eran los hospitales por dentro, jamás pudo convencerlo.

Era fobia lo que sentía. Cuando fue diagnosticado, solo pedía a la familia que no le llevasen al Hospital, que haría todo lo que le mandasen, pero en su casa.

La enfermedad fue avanzando, la memoria desapareciendo, la relajación de esfínteres comenzó a ser protagonista de su sintomatología.

Lucía estaba dedicada mañana, tarde y noche a cuidarlo. Lo que peor llevaba era la relajación de esfínteres: se ponía nerviosa, pensaba que Arsenio no colaboraba suficiente. Sus hijas ayudaban, pero más bien poco. Su trabajo y sus hijos demandaban mucha atención.

El hijo mayor de Andrea comía todos los días en casa de los abuelos, para alegría de estos. Andrea, cuando salía de trabajar, también iba a comer y recoger a su hijo.

Andrea observaba con emoción cómo a su padre Arsenio le brillaban los ojos cuando su nieto comía o hablaba, era una escena de un guion impactante, por la ternura que emanaba con su mirada y su actitud de satisfacción. Le pasó con los tres nietos: era un regalo divino tenerlos cerca, apenas conversaba, observaba, se sentía querido protegido, su reacción era de estar contento, que se percibiese que él también los quería. Fue el mejor regalo del mundo: sus nietos.

Con Andrea mantenía conversaciones disparatadas, siempre relacionadas con el pasado, con sus amigos, sus hermanos, la remolacha, las ovejas, los coches, el tractor… todo estaba presente como hacía muchos años. Su hija le seguía el orden de conversación, se adaptaba al tiempo que él decidiese, recibía las órdenes que dictaminaba como si fuesen reales. Eran conversaciones que tuvieron que haber quedado grabadas, por el contenido tan real para Arsenio y tan emotivo para Andrea.

Lucía no entendía cómo se podían mantener esas conversaciones sin sentido, pasadas, caducadas. Había momentos en los que se ponía muy nerviosa, quizá nunca entendió el nexo de comprensión que siempre habían mantenido Arsenio y Andrea. Tampoco entendió en qué consistía la enfermedad del marido, a veces se creaba confusión entre realidad y caprichos.

Fueron años duros. Se vendieron los coches, se vendieron y regalaron los enseres de los pájaros, se dejó de alquilar el local, las llamadas disminuyeron preguntando por Arsenio para comprar el mejor cantor de reclamo, ya no hubo más viajes a su pueblo, todo cambió para Arsenio y su familia. Afable la mayoría de las veces, solo se enfadaba cuando quería algo y no lo sabía expresar o la familia no le entendía.

Los días transcurrían para él sin objetivos marcados, el contenido del día era marcado por Lucía: desayuno, tarde (dormía mucho y muy bien), aseo corporal a regañadientes y sentado en un su sofá. Comida, pequeña siesta, televisión, merienda, televisión, cena y a dormir. Por aquel entonces, Arsenio ya utilizaba pañal, y su rebeldía hacía que en cualquier momento este desapareciese. Con el siguiente alboroto y disgusto de Lucía, que tenía que volver a ducharlo y cambiarle de ropa, además de dedicarle una gran bronca.

Ahora las visitas de sus nietos e hijas, amigos o vecinos las recibía con menos júbilo.

La enfermedad estaba avanzando, cierto es que jamás se quejaba de tener dolor, nunca le dolía nada. A la imposibilidad de andar se puso solución, que él rechazaba: una silla de ruedas de transporte, adaptada para personas con movilidad reducida. No le gustaba el modelo, no se sentía cómodo. Era imposible que se sentase, debía pensar que en cualquier momento podría andar, prefería salir a la calle con un bastón y agarrado por dos personas, algo que resultaba muy arriesgado y costoso.

Con frecuencia recordaba a su padre y a sus hermanos,

contaba historias, que entremezclaban el pasado y el presente. Era difícil de interpretar.

Para quien siempre tenía un recuerdo nítido, con cariño, con deseo de verle, era para su amigo Nicolás, su amigo del alma. Rara era la semana que Nicolás, no le llamaba por teléfono. Él contestaba, pero la emoción y el ahogo eran tan fuertes que le impedían hablar con su amigo. Era Lucía la que cogía el teléfono y, delante de Arsenio, contaba a Nicolás que estaba estupendamente, que mejoraba mucho, que pronto podrían reunirse, que todos los días se acordaba de él, que estaba deseando comerse un gran torrezno y un vaso de buen vino. Lucía alargaba la conversación, veía a Arsenio sonreír y oía a Nicolás llorar a la otra punta del teléfono. La teatralidad se apoderó de la familia: era la mejor forma de que Arsenio se sintiera bien.

Había días especiales, en los que Lucía preparaba un cocido madrileño o de su tierra. Ese día se reunía la familia al completo.

La elaboración tenía sus secretos. Lucía, la noche anterior, ponía a remojo unos buenos garbanzos castellanos con un buen puñado de sal gorda, para que al día siguiente no se encallaran. Empezaba poniendo a cocer en agua fría las carnes, los huesos y estaba muy pendiente de la espuma para retirarla y añadir más agua. Cuando empezaba a hervir añadía los garbanzos. Aparte cocía los chorizos y cuando al cocido le faltaba poco para terminar, añadía las patatas y la zanahoria. También cocía repollo.

Así servía Lucía su cocido: primero una riquísima sopa del caldo del cocido con fideos finos, segundo las verduras y por último las carnes y chacinas. Solía hacer unos rellenos de pan ajo y perejil, que freía y le echaba al cocido que eran una delicia para acompañar a los garbanzos y un tomate natural frito con mucho mimo, que a Arsenio le enloquecía. Acompañado con un buen pan y fruta del tiempo. El cocido, junto con el cordero lechal asado, el flan y natillas de huevo, eran sus platos estrella. Su familia consideraba un festín el día que Lucía avisaba de que al día siguiente habría cocido. No faltaba nadie, y si por algún motivo uno no podía acudir, se le guardaba su ración.

Lucía ahora era la jefa. Como siempre, se programó estupendamente para cuidar a su marido, cocinar ricas comidas, asistir a su misa diaria, coser, hacer punto, leer y estar pendiente de sus hijas y mucho más de sus nietos.

Las comidas familiares se convirtieron en la felicidad de Arsenio, todo o casi todo giraba alrededor de él, para que estuviese contento, para sentirse bien. Su hija Andrea lo bajaba a la costa, primero protestaba, porque no le gustaba el mar; pero después, una vez allí, estaba contento, porque estaba rodeado de sus nietos.

Pasaron doce largos años, donde el hombre enérgico y afable se convirtió en un niño mimado afable, que no exigía, que se conformaba con todo. Siempre añoraba su vermut, terminando, confundiendo la Pepsi-Cola por el codiciado elemento de aperitivo; confundiendo nombres, lugares y tiempos, pero disfrutando con sus protagonistas favoritos en sus películas. No dejó de brillar su cara cuando sus nietos estaban cerca de él, o cuando Lucía, con mucha paciencia, jugaba al parchís con los niños y él observaba con cara de satisfacción y felicidad.

Decía, Mario Benedetti: "He llegado a la conclusión de que, si las cicatrices enseñan, las caricias también".

Las caricias, el amor, comportamientos de sensibilidad, ternura, emoción, enseñan a vivir la vida de una forma más tierna, apacible, tranquila. Observar las caras, los ojos y el rictus de la boca cuando recibes o das caricias es una imagen de dulzura natural que gratifica a los cuerpos que se manifiestan de este modo. Hay que aprender, hay que dejarse llevar por los sentimientos de ternura, rápidamente salen las caricias, tratamiento que beneficia a quienes las dan y duplica los resultados de quienes las reciben.

 Aprendió toda la familia a tratarlo como un niño grande, con necesidad de mimos, besos, sonrisas, palabras suaves;

desaparecieron los tonos de voz alto, las miradas de reproche, los gestos huraños, los comportamientos de enfado. La familia entendió que esto no beneficiaba a Arsenio y cambiaron sus formas, sin apenas esfuerzo. Verlo sonreír, ver sus ojos chispeantes, era más de lo que podían esperar. La enfermedad progresaba, no daba tregua, su empeoramiento iba aumentando.

Arsenio había comentado un millón de veces que no quería hospitales, que le daban pánico, que no lo sacasen de casa, que si lo sacaban era porque su corazón había dejado de latir. Cada vez que contaba a Lucía y a las hijas esto, sus ojos se enrojecían y se ponían vidrios, llorosos, sin derramar lágrima alguna.

Lucía, Andrea e Inés tenían muy claro que su decisión se tendría en cuenta, estaban preparadas para ello, aunque este proceso resultase duro de aceptar.

Aunque Arsenio se había convertido en un niño grande, seguían perdurando sus miedos y terror a los hospitales.

Llegó el momento en el que hubo que avisar a su médico y enfermero. Ya postrado en cama, la dificultad para comer era total. El facultativo emitió el diagnóstico esperado:

—Familia, Arsenio se va y no tardará mucho. Su muerte es cuestión de horas.

Lucía en un mar de lágrimas, agradeció su visita y rápidamente llamó al cura, amigo suyo, para que le administraran los Santos Sacramentos.

Paradojas de la vida, Arsenio, que jamás se comunicó con Dios, recibía los Santos Sacramentos. Según su mujer, no le haría ningún mal, y así se hizo.

De guardia se quedaron las tres mujeres, madre e hijas. Las hijas consideraron que Lucía debería descansar en una habitación aparte. Las hermanas se repartieron los turnos. Estando Andrea en la habitación con su padre, pudo el cansancio con ella, fue su hermana Inés quien se despertó y observó que Arsenio ya no respiraba.

Las dos hermanas se abrazaron, lloraron, arreglaron a su

padre y llamaron a su madre para comunicarle la esperada noticia. Lucía respondió con llanto y tristeza, al mismo tiempo que mostraba una entereza increíble, esa entereza responsable que su carácter manifestaba siempre.

Se le realizó un funeral como manda la Iglesia Católica, con su misa y homilía, dirigida por el cura de la parroquia de Lucía.

Según su deseo, su cuerpo no fue depositado en una tumba, sino que fue incinerado en el cementerio de San José, donde una placa con su nombre y apellidos, acompañada de un imán de una Pepsi-Cola le acompañaría siempre.

Adiós, Arsenio, hombre afable, con carácter fuerte, risueño, que supo adaptarse a mil circunstancias distintas, que siempre hizo lo que consideraba que le iba a proporcionar bienestar a él y a su familia, que no admitía consejos y que desoía las críticas, que supo, como él presentía, que la diferencia entre géneros solo radica en la fuerza, que las habilidades se aprenden, que los conocimientos se desarrollan, que el querer es poder. Siempre comentaba esto, porque estaba convencido; es más decía que si alguien le hubiese enseñado a pilotar un avión, él lo hubiese pilotado, porque en esta vida existen pocas cosas que no podamos hacer si nos lo proponemos con entusiasmo y disciplina. Esto lo decía el más indisciplinado del planeta, pero esta convención la tenía siempre.

Arsenio fue un hombre normal, con sus virtudes y defectos, también fue un hombre con un pensamiento avanzado, que no se sometía a las opiniones de los demás, convencido de que la mujer (su hija), podía hacer lo que sabían hacer los hombres de su tiempo. Eso tiene mérito, para un hombre con educación y tiempos machistas.

ÍNDICE